"十二五"职业教育国家规划教材
浙江省高职院校"十四五"首批重点建设教材

公路工程实训指导书

吴颖峰　主　编
王海峰　陈　祎　副主编
汪海年　主　审

人民交通出版社股份有限公司
北　京

内 容 提 要

本教材是《公路工程》(第4版)(主编吴颖峰)的配套实训教材,基于道路运输类专业公路工程实训教学的需要编写,本教材突出学生岗位职业能力的培养。实训内容按项目开展,并以任务驱动的形式进行编排。全书主要内容分为三大部分:一是公路勘测类实训,二是路基工程类实训,三是路面工程类实训。

本教材可作为高等职业院校道路与桥梁工程技术、道路养护与管理等相关专业的实训用书,也可作为相关专业继续教育与职业培训教材,或作为公路工程技术人员的参考用书。

图书在版编目(CIP)数据

公路工程实训指导书/吴颖峰主编. — 北京:人民交通出版社股份有限公司,2023.1
ISBN 978-7-114-18504-5

Ⅰ.①公… Ⅱ.①吴… Ⅲ.①道路工程—教材 Ⅳ.①U41

中国版本图书馆 CIP 数据核字(2022)第 256223 号

"十二五"职业教育国家规划教材配套活页式教材
Gonglu Gongcheng Shixun Zhidaoshu

书 名:	公路工程实训指导书
著 作 者:	吴颖峰
责任编辑:	李 瑞
责任校对:	席少楠 刘 璇
责任印制:	张 凯
出版发行:	人民交通出版社股份有限公司
地 址:	(100011)北京市朝阳区安定门外外馆斜街 3 号
网 址:	http://www.ccpcl.com.cn
销售电话:	(010)59757973
总 经 销:	人民交通出版社股份有限公司发行部
经 销:	各地新华书店
印 刷:	北京武英文博科技有限公司
开 本:	787×1092 1/16
印 张:	10.5
字 数:	246 千
版 次:	2023 年 1 月 第 1 版
印 次:	2023 年 1 月 第 1 版
书 号:	ISBN 978-7-114-18504-5
定 价:	30.00 元

(印刷、装订质量问题的图书,由本公司负责调换)

前言

《公路工程实训指导书》是"十二五"职业教育国家规划教材、浙江省高职院校"十四五"首批重点建设教材《公路工程》(第4版)(主编吴颖峰)的配套活页式教材,本教材更加强调学习与实践之间的匹配性。本教材在形式上更加新颖活泼,在内容上更加强调精炼简洁,降低了学生对公路工程的理论学习难度。但与此同时,又可以让学生的职业操作能力得到充分的锻炼,以适应岗位的需求。

本教材结合《公路工程》(第4版)数字化特色资源(二维码、视频、动画、在线开放课程等),在实训学习任务时使用,使之由传统的纸质教材转变为立体化活页式教材。本教材按项目任务结构来设计实训内容,包含具体案例分析、工程设计训练、习题演练计算、现场实操测试等,使学生通过本教材了解职业、热爱职业岗位,树立正确的价值观、择业观,形成良好的职业道德和职业意识。本教材突出教学内容的实用性和实践性,坚持以公路工程职业能力为本位,以应用为目的,以必需、够用为度,满足职业岗位的需要,适应课程的综合化和模块化的需要。

本教材由浙江交通职业技术学院吴颖峰主编,长安大学汪海年教授主审。具体编写情况如下:第一篇项目1、项目2、项目3、项目4、项目8,第二篇第一分篇项目1、项目4,第三篇第一分篇项目4,第二分篇项目3由浙江交通职业技术学院吴颖峰编写;第二篇第二分篇项目2、第三篇第一分篇项目1、第三篇第二分篇项目1由浙江交工集团股份有限公司王海峰编写;第二篇第一分篇项目2、项目3,第三篇第二分篇项目2由浙江交通职业技术学院陈祎编写;第二篇第一分篇项目5、项目6由浙江交通职业技术学院薛德敏编写;第三篇第一分篇项目2、项目3由浙江交通职业技术学院蒋锦毅编写;第一篇项目5、项目6由甘肃省交通规划勘察设计院股份有限公司田子泽编写;第一篇项目7、第三篇第二分篇项目4由浙江交通职业技术学院齐冠编写;第二篇第二分篇项目1、项目3由浙江交通职业技术学院刘玉编写。

限于编者水平,书中的缺点不足之处在所难免,敬请读者批评指正。

编 者

2022 年 10 月

目 录
Contents

第一篇　公路勘测设计

项目一　公路勘测认知 ·· 001
　　实训一　秦代道路交通发展情况调查 ··· 001
　　实训二　公路发展情况调查 ··· 003
　　实训三　公路交通量计算 ·· 005
　　实训四　智慧高速公路建设示范工程调查 ··· 007

项目二　平面设计 ·· 009
　　实训一　平面设计计算 ··· 009
　　实训二　公路路线平面设计 ··· 011

项目三　纵断面设计 ·· 013
　　实训一　纵断面设计计算 ·· 013
　　实训二　公路路线纵断面设计 ·· 015

项目四　横断面设计 ·· 021
　　实训一　路基横断面组成与土石方调配计算 ·· 021
　　实训二　公路路基横断面设计 ·· 023

项目五　公路选线 ·· 027
　　实训一　公路路线方案比较分析 ··· 027
　　实训二　公路选线与布置 ·· 029

项目六　公路定线 ··· 031
　　实训　公路平曲线半径选定 ·· 031
项目七　公路交叉设计 ··· 033
　　实训一　公路平面交叉设计 ·· 033
　　实训二　公路互通式立体交叉分析 ·· 035

第二篇　路基工程

第一分篇　路基设计

项目一　路基工程认知 ··· 037
　　实训一　路基湿度来源认知 ·· 037
　　实训二　路基干湿类型判定 ·· 039
　　实训三　承载板测试土基回弹模量 ·· 041
项目二　路基结构设计 ··· 045
　　实训一　路基典型断面形式识读 ·· 045
　　实训二　整体式路堤横断面设计与绘制 ·································· 047
项目三　路基排水设计 ··· 049
　　实训一　识读路基排水系统平面布置图 ·································· 049
　　实训二　路基排水设施设置分析 ·· 051
项目四　路基稳定性验算 ··· 053
　　实训一　直线滑动面的路基边坡稳定性验算 ·························· 053
　　实训二　圆弧滑动面的路基边坡稳定性验算 ·························· 055
　　实训三　折线滑动面的路基边坡稳定性验算 ·························· 057
项目五　路基防护与加固 ··· 059
　　实训一　碎石土边坡坡面防护与加固 ·································· 059
　　实训二　边坡生态防护措施 ·· 061
　　实训三　岩质边坡防护与加固 ·· 063

项目六 挡土墙设计 ··· 065
　实训一　路肩挡土墙抗滑动稳定性和抗倾覆稳定性验算 ·············· 065
　实训二　路堤挡土墙稳定性、合力偏心距及地基承载力验算 ········· 067
　实训三　路肩挡土墙立面、横断面与平面设计 ··························· 069
　实训四　重力式挡土墙结构设计 ·· 071

第二分篇　路　基　施　工

项目一　路基施工准备 ·· 073
　实训一　路基施工准备工作 ·· 073
　实训二　路基边桩放样 ·· 075
　实训三　路基中线放样 ·· 077
　实训四　水平角放样 ··· 079
　实训五　已知高程的放样 ··· 081

项目二　土质路基施工 ·· 083
　实训一　路堤填筑施工方法与程序 ··· 083
　实训二　路堤填筑施工方案 ·· 085
　实训三　土方路基施工质量分析 ·· 087
　实训四　路基压实度测试 ··· 089

项目三　石质路基施工 ·· 095
　实训一　公路石质路堑爆破设计方案 ·· 095
　实训二　公路填挖综合施工 ·· 097
　实训三　公路爆破施工工艺 ·· 099

第三篇　路　面　工　程

第一分篇　路　面　设　计

项目一　路面结构与设计参数认知 ·· 101

实训一　公路沥青混凝土路面结构性能分析 ……………………………………… 101
　　实训二　复合路面结构设计认知 …………………………………………………… 103
　　实训三　路基路面回弹弯沉测试 …………………………………………………… 105
项目二　路面基层设计 …………………………………………………………………… 109
　　实训一　水泥稳定级配碎石基层结构设置 ………………………………………… 109
　　实训二　柔性基层结构设计 ………………………………………………………… 111
项目三　沥青路面设计 …………………………………………………………………… 113
　　实训　新建沥青路面结构设计与验算 ……………………………………………… 113
项目四　水泥混凝土路面设计 …………………………………………………………… 115
　　实训　水泥混凝土面板厚度计算 …………………………………………………… 115

第二分篇　路面施工

项目一　路面施工准备 …………………………………………………………………… 117
　　实训一　路面施工准备工作 ………………………………………………………… 117
　　实训二　路面施工机械化配套分析 ………………………………………………… 119
　　实训三　路槽施工放样 ……………………………………………………………… 121
　　实训四　路面施工机械设备数字化发展 …………………………………………… 123
项目二　路面基层施工 …………………………………………………………………… 125
　　实训一　路面基层施工新技术探索 ………………………………………………… 125
　　实训二　路面基层施工分析 ………………………………………………………… 127
　　实训三　路面基层处理案例 ………………………………………………………… 129
项目三　沥青路面施工 …………………………………………………………………… 131
　　实训一　高温季节沥青路面施工质量控制 ………………………………………… 131
　　实训二　手工铺砂法测试路面构造深度 …………………………………………… 133
　　实训三　摆式仪测试路面摩擦系数 ………………………………………………… 135
　　实训四　三米直尺测试路面平整度 ………………………………………………… 139
　　实训五　连续式平整度仪测试路面平整度 ………………………………………… 141
　　实训六　沥青路面渗水系数测试 …………………………………………………… 143

项目四　水泥混凝土路面施工 ·· 145
　　实训一　水泥混凝土路面的优缺点认知 ····································· 145
　　实训二　路基路面几何尺寸测试 ··· 147
　　实训三　回弹仪测试水泥混凝土路面强度 ································· 149
　　实训四　超声回弹法测试水泥混凝土路面抗弯强度 ···················· 153
参考文献 ·· 157

第一篇 公路勘测设计

项目一 公路勘测认知

实训一 秦代道路交通发展情况调查

1. 基本资料

公元前 221 年,秦始皇统一六国建立了统一的中央集权国家,因其需将中央集权制度从上到下完全贯彻,所以要建立一套能够满足统治需要的庞大道路交通网,从而让帝国中央的决策能以最快的速度下达到各地方郡县,以保障帝国对地方的完全控制。秦帝国在把过去错杂的六国原有道路加以整修和连接的基础上,又耗费了难以计数的人力和物力,修建了以驰道为主的全国交通干线;另外还修建了世界上最早的"高速公路"——直道;同时也出现了几种特殊的道路以适应不同的修筑条件,基本建成以咸阳为中心,向四面八方辐射且基本覆盖国土疆域的道路交通网。

2. 任务

收集秦代道路交通发展的建设情况,叙述秦代建成的各种道路及其作用,并分析其历史意义。

实训二 公路发展情况调查

1. 基本资料

(1)新中国成立初期,全国(除特别注明外,全国统计数据均未包括港、澳、台地区)公路通车里程仅为 8 万 km,经过数十年的建设,到 2020 年年底,全国公路总里程 519.81 万 km。我国高速公路的起步比发达国家整整晚了半个世纪,到 20 世纪 80 年代中期,才开始高速公路的前身——汽车专用公路的探索。改革开放初期,随着国民经济的快速发展,公路客货运输量急剧增加,公路建设长期滞后所产生的后果充分暴露出来。20 世纪 80 年代初,交通部开始着手收集和研究发达国家解决干线公路交通拥堵问题的经验,并对主要干线公路交通存在的主要问题进行研究。我国高速公路正是在这样的背景下酝酿产生的,其发展历经以下五个阶段:起步阶段(1978—1988 年)、稳步发展阶段(1989—1997 年)、加快发展阶段(1998—2007 年)、跨越式发展阶段(2008—2015 年)、全面规范和高质量发展阶段(2016 年至今)。

(2)《国家公路网规划(2013—2030 年)》《公路"十四五"发展规划》。

2. 任务

(1)收集我国高速公路发展的五个时期中的建设情况,并完成表 1-0-1-1。

我国高速公路发展情况调查　　　　表 1-0-1-1

年份	1978—1988 年	1989—1997 年	1998—2007 年	2008—2015 年	2016 年至今
通车总里程(km)					

(2)结合我国公路建设情况,收集 2015—2019 年以来各等级公路的建设情况,并完成表 1-0-1-2。

2015—2019 年我国公路发展情况调查表　　　　表 1-0-1-2

项目	2015 年	2016 年	2017 年	2018 年	2019 年	里程数占公路通车总里程的百分比
通车总里程(km)						100%
高速公路(km)						
一级公路(km)						
二级公路(km)						
三级公路(km)						
四级公路(km)						
等外公路(km)						

(3)根据《国家公路网规划(2013—2030 年)》的相关内容,叙述普通国道网的建设内容。

(4)结合各省(自治区、直辖市)公路建设情况,以某一省(自治区、直辖市)为例,叙述该省(自治区、直辖市)公路发展"十四五"规划的主要任务。

(5)结合任务(1)~(4)的调查结果,分析我国公路的发展现状,简述我国公路发展情况报告。

实训三 公路交通量计算

1. 某公路的交通量记录见表 1-0-1-3,请完成此表空白区域,求出 2030 年的远景设计交通量(分别按车辆每年平均增长率与车辆每年平均增长量估算),并分别分析按车辆每年增长率与每年增长量交通量计算得到的 2030 年远景设计交通量的适用情况。

历年交通量与增长表 表 1-0-1-3

年份	2014 年	2015 年	2016 年	2017 年	2018 年	平均
年平均日交通量 N(辆/昼夜)	3000	3240	3650	4300	5360	
车辆每年增长率 K_2(%)	—					
车辆每年增长量 ΔN(辆/昼夜)	—					

2. 某公路在某日某小时的交通组成与流量见表 1-0-1-4,请计算此小时的交通量。

交通组成与流量表 表 1-0-1-4

车辆类型	小客车	中型车	大型车	汽车列车
交通流量(辆)	680	600	120	20

实训四　智慧高速公路建设示范工程调查

1. 基本资料

2018年2月,交通运输部印发了《关于加快推进新一代国家交通控制网和智慧公路试点的通知》,确定在全国9个省(市)开展以下6个方向的智慧公路建设示范工程。主要的试点方向包括:基础设施数字化,路运一体化车路协同,北斗高精度定位综合应用,基于大数据的路网综合管理,"互联网+"路网综合服务,新一代国家交通控制网。。

2. 任务

请列举出具体试点省(市)对应于上述的智慧公路示范工程建设方向,同时开展建设方向的内涵细化说明,并分析各地的示范工程建设进展情况。

项目二　平面设计

实训一　平面设计计算

1. 平曲线交点 JD 桩号里程为 K5+567.38，$\alpha = 31°10'$，$R = 300\mathrm{m}$，$l_s = 70\mathrm{m}$，试计算主点的里程桩号。

2. 某缓和曲线参数 $A = 100\mathrm{m}$，缓和曲线上某一点的曲率半径为 $250\mathrm{m}$，则该点距缓和曲线起点的距离是多少？

实训二　公路路线平面设计

1. 基本资料

某山岭地区三级公路,设计速度为 30km/h。根据外业详细测量记录,交点与平曲线各项数据均已汇列于直线、曲线与转角表(表1-0-2-1)中。

直线、曲线与转角表　　　　　表1-0-2-1

交点编号	交点桩号	转角 左	转角 右	曲线半径(m)	缓和曲线长度(m)	曲线要素 切线长度(m)	曲线要素 平曲线长度(m)	曲线要素 外距(m)	曲线位置 平曲线起点桩号	曲线位置 平曲线终点桩号	直线 直线长度(m)	直线 交点间距(m)
1	2	3	4	5	6	7	8	9	10	11	12	13
39	K5+904.98	8°28′		350	—							
40	K6+175.85	29°16′		150	30							
41	K6+364.05		40°03′	75	30							
42	K6+534.79	44°18′		100	30							
43	K6+693.14	33°37′		75	35							
44	K6+834.59	23°37′		100	30							
45	K7+003.79		78°39′	30	35							

2. 实训指导内容

(1)平曲线要素及主点桩号计算。公路的平面线形,由于其位置受社会经济、自然地理和技术条件等因素的制约,公路从起点到终点在平面上不可能是一条直线,而是由许多直线段和曲线段(包括圆曲线和缓和曲线)组合而成。对平面线形而言,一般可分解为直线、圆曲线及缓和曲线,称之为平面线形的三要素。各级公路不论转角大小均应设置圆曲线。为使直线与圆曲线之间实现顺适的衔接过渡,应设置缓和曲线进行连接,缓和曲线一般采用回旋线。

(2)超高、加宽的设计与计算。各级公路当圆曲线半径小于不设超高的最小半径时,应在曲线上设置路面向内侧倾斜的单向坡(超高)。从直线上的路拱双向坡断面过渡到圆曲线上具有超高横坡度的单向坡断面,要设置超高过渡段。当公路的圆曲线半径小于或等于250m时,应在圆曲线路面内侧设置加宽,并在主曲线的两端设置加宽过渡段。

注:相关的设计规定与表格等参见《公路工程》主教材。

3. 任务

根据所给的资料进行平曲线各要素与主点桩号计算,填写表1-0-2-1空白区域,绘制JD_{39}~JD_{45}交点处平曲线与直线线形所构成的平面设计示意图,确定超高、加宽及过渡段设计,并完成实训说明(直曲表计算与平曲线设计内容)。

项目三 纵断面设计

实训一 纵断面设计计算

1. 某山岭区三级公路,变坡点设在 K6+770 桩号处,设计高程为 396.67m,两相邻坡段的前坡 $i_1 = +3.0\%$,后坡 $i_2 = -1.0\%$,选用竖曲线半径 $R=3000$m。试计算竖曲线要素,竖曲线起终点桩号及竖曲线上每隔整 10m 桩号的设计高程。

2. 某桥头变坡点处桩号为 K4+950,设计高程为 120.78m,$i_1 = +3.5\%$,桥上为平坡,桥头端点的桩号为 K5+023,要求竖曲线不上桥,并保证有 15m 的直坡段。试问竖曲线半径选在什么范围内?

实训二 公路路线纵断面设计

1. 基本资料

某山岭地区三级公路,设计速度为30km/h。根据外业详细测量记录,资料如下:
(1)路线纵断面地面线高程资料表(表1-0-3-1)。
(2)沿线地质土质情况。

K6+000~+150　　　表土粉质亚黏土(厚度1m)下为软石;
　+150~+300　　　为粉质亚黏土
　+300~+580　　　表土粉质亚黏土(厚度0.8m)下为软石;
　+580~+700　　　表土粉质亚黏土(厚度1m)下为软石;
　+700~K7+000　　表土粉质亚黏土(厚度0.8m)下为坚石。

(3)路线水准点位置和高程。
BM_{12}在K6+035右侧15m的石头上,高程500.402;
BM_{13}在K6+505左侧20m的石头上,高程508.043;
BM_{14}在K6+995右侧19m的石头上,高程544.432。
(4)路线的控制点高程。
K6+000的设计高程为509.60m,K7+000的设计高程为549.90m。
(5)桥涵位置(桥涵中心处的里程桩号)。
①K6+180:圆管涵ϕ75cm,与公路中心线正交;
②K6+382:圆管涵ϕ100cm,与公路中心线正交;
③K6+740:圆管涵ϕ75cm,与公路中心线正交。
(6)平面设计资料见项目二实训二。

2. 实训指导内容

1)纵断面设计的主要内容

纵断面设计的主要内容包括纵坡度的大小、坡长的确定,变坡点位置的选择,竖曲线的设置和设计高程的计算。纵断面线形设计应根据公路等级、沿线自然条件和拟建道路构造物的高程要求,在考虑工程费用的同时尽可能地保证行车的安全、舒适和经济,应设计成与平面线形组合得当,视觉上连续、顺适的线形。

2)纵坡与竖曲线设计

(1)应符合《公路路线设计规范》(JTG D20—2017)中最大纵坡、最小纵坡、坡长限制、纵坡最小长度、缓和坡段的纵坡及最小长度、平均纵坡、合成纵坡、竖曲线最小长度和最小半径的要求。

(2)不轻易采用极限指标,起伏不宜过大或过于频繁,纵坡力求均匀、平缓,避免出现锯齿形、宝塔形的纵断面线形。

(3)尽量避免不必要的大填大挖,力求填挖平衡(纵向的填挖平衡和横向的填挖平衡)。

(4)通过稻田或低洼潮湿地段时,必须满足最小填土高度的要求,以保证路基稳定。

路线纵断面地面线高程资料表　　　　　　　　　　表 1-0-3-1

桩　　号	地 面 高 程	桩　　号	地 面 高 程
K6 +000	509.98	HY +	520.70
+020	510.66	+520	522.80
+040	511.12	QZ +	524.93
+050	512.07	+540	525.75
+060	511.85	YH +	526.42
+080	511.18	+560	527.42
+090	509.62	+580	527.05
+100	510.08	HZ +	527.05
+110	512.24	+600	530.33
+120	512.37	+620	530.80
ZH +	512.97	+640	532.32
+140	512.27	ZH +	533.23
HY +	512.57	+660	532.95
+160	512.77	+680	532.89
QZ +	512.87	HY +	534.89
+180	510.16	QZ +	535.35
YH +	513.80	YH +	535.87
+200	515.40	+700	538.08
+220	517.40	+720	538.32
HZ +	515.40	HZ +	537.87
+240	514.20	+740	537.82
+260	514.85	+760	538.80
+280	514.63	+780	538.68
+300	513.90	ZH +	539.77
+320	515.65	+800	540.85
ZH +	515.96	+820	537.58
+340	514.99	HY +	542.43
HY +	516.31	QZ +	543.02
+360	516.43	YH +	542.66
QZ +	516.72	+840	543.21
YH +	515.73	+860	543.17
+380	514.72	HZ +	543.69
+400	516.28	+880	544.46
HZ +	516.30	+900	545.02
+420	516.60	+920	547.82
+430	517.20	+940	548.36
+440	517.59	+960	548.45
+450	518.05	ZH +	548.45
+460	518.05	+980	547.34
ZH +	519.50	HY +	548.57
+480	520.10	QZ +	549.65
+500	521.00	K7 +000	550.98

(5)变坡点位置的确定要考虑坡度的规定、坡长的限制,以及自然条件和道路构造物处线形的要求。除此之外,为提高行车的安全性,使在公路上驾驶车辆的驾驶员得到视觉上和心理上的舒适感,还应考虑纵断面线形和平面线形的相互配合问题。

(6)纵坡设计线。设计高程为未加宽超高前的路基内侧边缘高程。纵断面图水平方向比例尺为1:2000,竖直方向比例尺为1:200。为便于计算,变坡点设在整10m桩号处,坡度计算精确至0.1%。

(7)竖曲线的设计。在纵坡变更处,不论相邻坡度代数差大小应一律设置竖曲线。竖曲线设计,首先要合理地确定竖曲线半径和长度。各级公路的竖曲线最小半径的"极限值",只是在地形等特殊原因不得已时方可采用。在实际设计中,为了安全和舒适,应采用竖曲线"一般值"的1.5~2.5倍或更大值。设计速度大于或等于60km/h的公路,竖曲线设计宜采用长的竖曲线和长直线的组合。有条件时宜采用大于或等于视觉所需要的竖曲线半径值。因此,当条件许可时,竖曲线应选用较大的半径。对设计速度较高的公路,为了使公路的线形获得理想的视觉效果,还宜从视觉观点确定最小半径值。对于相邻竖曲线的衔接应注意:同向竖曲线,特别是同高或凹形竖曲线间,如直线坡度时应合并成单曲线或复曲线,避免出现"断背曲线"。反向竖曲线,最好中间设置一段直坡段,直坡段的长度一般不小于按设计速度行驶3s的行程长度。

设计高程和填挖高度计算,应先根据坡线的坡度和长度计算出未设竖曲线之前的设计高程,然后按竖曲线之改正值算出设计高程,填挖高度为设计高程与地面高程之差,确定所需填方或挖方。

3)平、纵线形组合设计

公路平、纵线形组合设计是指在满足汽车运动学和力学要求的前提下,结合地形、地物、景观、视觉和经济性等,研究如何满足驾驶员在视觉和心理方面的连续性、舒适性以及与周围环境相协调,以保证汽车行驶的安全、舒适与经济。

(1)平曲线与竖曲线组合

平曲线与竖曲线相互重合(平包竖)是最佳组合,平曲线与竖曲线的大小还应保持均衡。此外,平、竖曲线组合还有应避免的组合。

(2)直线与纵断面组合

平面的长直线与纵断面的直坡线配合,对双车道公路超车方便,在平坦地区易与地形相适应,但行车单调乏味,易疲劳。因此,只要路线有起有伏,就不要采用长直线,最好使平面路线随纵坡的变化略加转折,并把平、竖曲线合理地组合。此外,直线与纵断面组合还有应避免的组合。

注:相关的设计规定与表格等参见《公路工程》主教材。

3. 任务

根据项目二实训二的平面设计资料填写表1-0-3-1空白区域(主点里程桩号),按确定的路线中心线点绘路线纵断面图的地面线,进行纵坡设计,提交路线纵断面设计图、路基设计表(表1-0-3-2)与纵坡竖曲线表(表1-0-3-3),并完成实训说明(竖曲线设计计算示例)。

路 基 设 计 表 表 1-0-3-2

路线名称：

桩号	平曲线		纵坡及竖曲线		地面高程(m)	设计高程(m)	填挖高度(m)		路基宽度(m)				以下各点与设计高程之高差(m)					施工时中桩		备注
									左侧		右侧		左侧		中桩	右侧				
	左	右	凹	凸			填	挖	W_1	W_2	V_2	V_1	B_1	B_2	C	A_2	A_1	填	挖	

纵坡竖曲线表

表 1-0-3-3

路线名称：

序号	桩号	高程(m)	竖曲线						纵坡(%)		变坡点间距(m)	直坡段长(m)	备注
			凸曲线半径 R(m)	凹曲线半径 R(m)	切线长 T(m)	外距 E(m)	起点桩号	终点桩点	+	−			

项目四　横断面设计

实训一　路基横断面组成与土石方调配计算

1. 某四车道高速公路,设计速度为120km/h,各部分宽度均取规范规定的一般值。试分析其路基横断面组成。

2. 某二级公路设计速度为80km/h,路基宽度为12.0m,行车道为2×4.5m,路拱坡度为2.0%,路肩坡度为3.0%,中心线高程为128.234m。试求该公路路面边缘的高程与路肩边缘的高程。

3. 某公路路基部分桩号横断面所提供的填方与挖方横断面面积见表1-0-4-1。要求使用平均断面法对相应路基断面填、挖方数量进行计算并完成表1-0-4-1。

路基填、挖方数量表　　　　　　　　　　　　　　表1-0-4-1

桩号	横断面面积(m²)		距离(m)	挖方数量(m³)	填方数量(m³)
	挖方	填方			
1	2	3	4	5	6
K0+000	5	3.2	—	—	—
K0+020	7.3	0	20	123	32
K0+040	13.5	0	20	208	0
K0+060	13.3	0	20	268	0
K0+064	6.2	0	4	39	0
K0+080	5.4	0.5	16	92.8	4
K0+100	7.3	2	20	127	25
K0+120	7	3.6	20	143	56

实训二　公路路基横断面设计

1. 基本资料

某山岭地区三级公路,设计速度为30km/h。根据外业详细测量记录,资料如下:
(1)路基横断面地面线资料表(表1-0-4-2);
(2)平面设计资料见项目二实训二;
(3)纵断面设计资料见项目三实训二。

路基横断面地面线资料表　　　　表1-0-4-2

左　断　面	桩　号	右　断　面
+1.2　　+0.6 2.0　4.0　2.0	K6+000	-0.8　-1.0　0　-0.8 5.0　0　3.0　0　平
+3 10	+020	-0.6 2.0　同
同　0.7　　+1.1 　　2.0　　2.0	+040	-0.8　-1.2　-1.0 2.0　2.0　6.0　同
+1.0　+1.1　+2.0　+0.6 1.0　5.0　2.0　2.0	+050	-0.6　0　-1.8 2.0　5.2　0　平
同　+1.1 　　2.0	+060	-1.2 2.0　同
+2.0　+4.0　+1.8　+2.4 2.0　5.0　0.8　4.0	+080	-1.4　-2.0 3.0　3.0　平
同　+0.6　0　+1.5　+2.4 　2.0　3.0　0　4.0	+090	-1.6　0　-1.8　0　-1.0 2.0　2.0　0　3.0　2.0　同
同　+0.7　0.2　+1.5　+2.6 　2.2　3.0　0　3.3	+100	-1.4　-0.3　-1.2　-1.3 2.0　2.0　0　3.0　同
0　　+4.0　0　+1.9　0 4.0　0　3.0　0　4.0	+110	0　-2.0　0　-1.4　-1.6 1.0　0　2.0　3.8　2.0　平
平(水稻田)	+120	平(水稻田)
平(水稻田)	ZH+	平(水稻田)
平(水稻田)	+140	平(水稻田)
平(水稻田)	HY+	平(水稻田)
平(水稻田)	+160	平(水稻田)
平(水稻田)	QZ+	平(水稻田)
同　+0.6　0　+1.2 　3.0　5.0　1.2	+180	-1.2　-1.2　-1.0 4.0　0　8.0　同

续上表

左 断 面	桩 号	右 断 面
同 +2.0 +1.2 0 +0.6 3.0 0 2.0 2.0	YH +	−1.8 −1.4 −2.0 0 2.6 0 3.8 6.0 平
平(水稻田)	+200	−1.2 −2.6 −1.0 2.6 0 2.0 同
平(水稻田)	+220	−1.2 0 −1.2 −0.6 2.0 2.8 0 2.0 同
同 +0.6 +1.6 2.0 2.2	HZ +	+1.2 2.4 平
同 +0.4 +0.8 +0.6 2.0 2.0 2.0	+240	−1.0 0 −2.0 2.0 2.0 0 平
同 +0.5 +1.2 2.0 3.0	+260	−0.6 2.0 同
同 +1.0 3.0	+280	−1.6 −0.8 −1.0 2.0 2.0 2.0 同
同 +1.4 +0.8 +0.4 2.4 2.0 2.0	+300	−0.8 −1.2 −1.0 2.0 2.0 3.0 同
+2.0 0 +3.0 +1.0 0 2.0 3.0 2.0	+320	−1.8 −2.0 0 −1.4 3.0 2.0 3.0 2.0 同
平 +1.0 0 +2.0 3.0 3.0 2.0	ZH +	−1.6 −1.0 −1.4 3.0 2.0 2.0 同
同 +0.6 +1.0 0 4.0 0 3.0	+340	−1.8 −2.0 −1.0 2.0 0 3.0 同
平 +0.6 2.0	HY +	−2.0 −0.6 −1.0 +0.6 0 3.0 0 3.0 同
平 +2.4 0 2.0 2.0	+360	0 −3.0 −0.8 2.0 0 3.0
平 +0.6 2.0	QZ +	+2.0 −0.8 0 −0.6 0 2.0 4.0 4.0 同
平 +4.0 0 0 3.0	YH +	0 −0.4 −1.6 2.0 2.0 2.0 同
同 +0.6 +2.6 +0.4 3.0 1.0 2.0	+380	−0.6 −0.4 −0.6 2.0 3.0 3.0 同

续上表

左　断　面	桩　号	右　断　面
同　+0.8 　　3.0	+400	－0.6 3.0　同
同　+1.2 　　3.0	HZ+	+0.8 3.0　同
同　+1.0　+1.4 　　3.0　2.0	+420	－0.6 2.0　同
同　+1.0　+1.0 　　3.0　1.0	+430	－0.6　－1.6　－0.6 2.0　1.0　3.0　同
同　+1.2 　　3.0	+440	－0.6　－1.0　－1.0 1.0　2.0　3.0　同
同　1.0　+1.2 　　3.0　2.0	+450	0　－1.0　－0.6 1.0　2.0　3.0　同
同　+0.6　+0.8 　　4.0　3.0	+460	－0.8　－0.8　－1.0 2.0　3.0　3.0　同
同　+0.8　+1.2 　　3.0　3.0	ZH+	－1.0　－1.0 2.0　3.0　同
同　+1.0　+1.0 　　3.2　2.2	+480	0　－0.8　－1.2 2.0　2.0　3.0　同
同　+0.4　0 　　2.0　3.0	+500	－1.4　－1.2 2.0　2.0　同

注:"同"指的是相同的地面横坡度。

2. 实训指导内容

横断面设计是根据车道宽度,路肩所需的宽度和当地地形,并考虑影响路基稳定性的土质、地质、水文和气候条件等因素确定横断面设计的形状和尺寸及具体位置。小半径弯道要考虑超高与加宽值,横断面图的比例尺为1:200。

3. 任务

根据项目二实训二的平面设计资料填写表1-0-4-2空白区域(主点里程桩号),按确定的路线纵断面图中施工高度(填挖值)、平曲线超高与加宽等要求进行路基横断面设计,提交路基横断面设计图、路基土石方数量计算表(表1-0-4-3),并完成实训说明(横断面填挖方计算与土石方调配示例)。

表 1-0-4-3

路基土石方数量计算表

路线名称：

桩号	横断面积(m²)		距离(m)	总数量	挖方分类及数量(m²)											填方数量(m³)		利用方数量及调配(m³)						远运利用纵向调配示意	借方数量及运距(km)			弃方数量及运距(km)			备注
	挖				土						石							本桩利用		填缺		挖余								
					I		II		III		IV		V		VI															
	土	石			%	数量	%	数量	%	数量	%	数量	%	数量	数量	土	石	土	石	土	石	土	石		土	石	土	石	
1	2	3	4	5	6	7	8	9	10	11	12	13	14	15	16	17	18	19	20	21	22	23	24	25	26	27	28	29	30	31	32

项目五 公路选线

实训一 公路路线方案比较分析

1. 基本资料

某公路 K4+452.278~K7+051.522 段,如图 1-0-5-1 所示有两套方案,其对应的技术经济指标见表 1-0-5-1。其中:

方案一:自起点 K4+452.278 开始,新建深渡沿溪桥后,沿皋头村北侧山体布线,新建皋头大桥、胪膛大桥连续两次跨越好溪的皋头大桥与胪膛大桥,桩号至 K7+051.522,全长约 2.599km。方案一基本为新线。

方案二:自起点 K4+452.278 开始,基本沿 42 省道旧路布线,经新建两座深渡沿溪桥、胪膛沿溪桥后在东方镇东侧与方案一路线重合,桩号为 K7+141.593,全长约 2.689km。该段线位基本上沿旧路左侧拼宽半幅,与旧路形成一级路幅布置,全线不跨河,部分路段为新建路段,为少占河道,沿好溪一侧采用桥梁的形式。

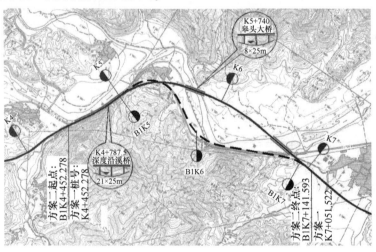

图 1-0-5-1 K4+452.278~K7+051.522 段路线方案

K4+452.278～K7+051.522 段方案技术经济比较表　　　表 1-0-5-1

项目			单位	方案一	方案二	备注
技术指标	路线长度		km	2.599	2.689	
	平曲线交点数		个	3	4	
	平曲线最小半径		m	616.142	260	
	最大纵坡		%	0.995	0.9	
	最短坡长		m	200	270	
	竖曲线最小半径	凸形	m	12000	15000	
		凹形	m	8000	5000	
经济指标	路基土石方	填方	m³	95750	55152	
		挖方	m³	212948	258441	
	路基防护	M7.5 浆砌片(块)石	m³	7180	25332	
		C15 片石混凝土	m³	10665	13118	
		植草	m²	9753	2685	
		厚层基材	m²	14683	25595	
	路面		m²	33148	35547	
	排水	浆砌片石	m³	166	151	
		混凝土	m³	1523	2579	
	桥梁		m/座	982/3	1024/2	
	涵洞		m/道	176.74/5	247.84/8	
	平面交叉		处	3	3	
	房屋拆迁		m²	3043.90	5418.04	
	征用土地/耕地		亩	154.7/84.7	173.1/74.5	
	基本造价		万元	10729.47	10618.41	

2. 任务

(1)请从技术经济、用地、环保等方面对上述方案进行评价。

(2)根据以上分析,初步确定哪个方案为主要方案?并提出相应的理由。

实训二　公路选线与布置

1. 基本资料

现有一条二级公路,设计速度为60km/h,该地区地形见图1-0-5-2。

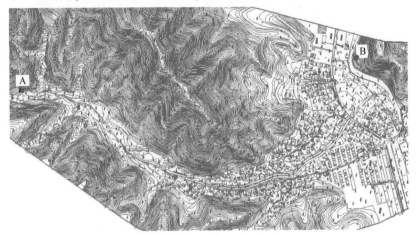

图1-0-5-2　某地区地形图(样图)

2. 任务

(1)在 A、B 两点之间初拟 2~3 个路线方案。
(2)在每个方案之间布设合适的控制点,逐渐安排路线走向。
(3)撰写路线布线报告。

项目六　公路定线

实训　公路平曲线半径选定

1. 某公路的平曲线转角 $\alpha = 17°17'13''$，缓和曲线长度 $l_s = 70\,\mathrm{m}$，该曲线内侧需绕过某建筑物，如图 1-0-6-1 所示，外距控制不得大于 7 m，试求平曲线最大半径。

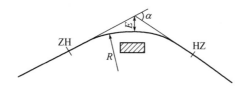

图 1-0-6-1　公路平曲线设置示意图

2. 某公路的平曲线转角 $\alpha = 6°15'32''$，为了使平曲线长度大于 300 m，试求平曲线最小半径。

项目七 公路交叉设计

实训一 公路平面交叉设计

1. 基本资料

某平原地区二级公路为双车道,设计速度为80km/h,路基宽度12m,路面宽度9m,沥青混凝土路面,其他相关资料如下:

(1)平面交叉设计基础资料,见表1-0-7-1;
(2)各公路横断面布置,如图1-0-7-1所示。

公路平面交叉基础资料一览表　　　　　表1-0-7-1

序号	中心桩号	交叉点高程(m)	公路纵坡度(%)		被交公路等级及纵坡度(%)			交叉方式	交角(°)	路基宽度(m)	路面宽度(m)	交叉布置形式
			前坡	后坡	等级	前坡	后坡					
1	K0+002	25.23	+2	+2	二级	+2		T形	65	12.0	9.0	
2	K0+682	28.36	+1	−1	二级	0		十字形	90	12.0	9.0	
3	K1+718	20.65	−2	+2	三级	−2	+2	十字形	90	8.5	7.0	
4	K6+838	12.58	−3	−3	二级	+2	+2	十字形	90	12.0	9.0	
5	K7+822	15.62	+2	+2	二级	0		T形	100	12.0	9.0	
6	K17+118	22.78	+2	−2	一级	+1		T形	90	24.5	15.0	

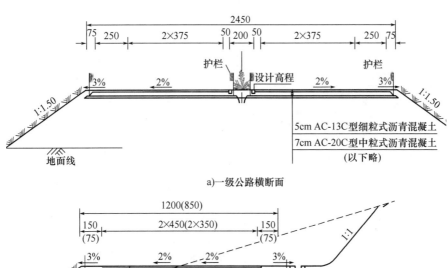

a)一级公路横断面

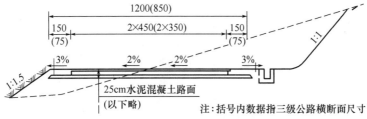

b)二级、三级公路横断面

图1-0-7-1 各级公路横断面及路面面层结构(尺寸单位:cm)

2. 任务

(1)按一定比例绘制表1-0-7-1中各桩号所对应平面交叉示意图。

(2)合理拟定各交叉口的布置形式,完成表1-0-7-1。

实训二 公路互通式立体交叉分析

1. 基本资料

某高速公路 A 互通式立交采用单喇叭设计方案,位于杭州湾 M 工业区北侧。被交路为进港公路和振兴大道,振兴大道为城市主干路,路基宽 22m。距前方 B 互通约 4.79km,距后方 N 服务区约 3.5km。A 互通可充分带动 M 工业区东部片区经济发展,加强该工业区与杭州、宁波的联系,对促进当地经济社会发展具有重要意义。

A 互通式立交处的主线、匝道与被交道路情况见表 1-0-7-2。

A 互通式立交处的交叉道路情况   表 1-0-7-2

A 互通立交道路	道 路 等 级	设计速度(km/h)	路基宽度(m)
主线	高速公路	120	34.5
匝道	高速公路匝道	40~60	9/16.5
被交道路	城市主干路	60	22

2. 任务

(1)绘制单喇叭立交示意图,并说明该类型立交的特点。
(2)试分析单喇叭立交的交通组织。

第二篇

路基工程

第一分篇　路基设计

项目一　路基工程认知

实训一　路基湿度来源认知

1. 基本资料

某高速公路位于我国中部省份,是该省规划的"四纵八横"高速公路网中的"纵三",项目的建设是实施促进中部地区崛起、推动长江经济带发展等区域战略规划,统筹区域协调发展的重要举措。该高速公路设计速度为120km/h,整体式路基段采用双向4车道,路基宽度26.0m,沥青混凝土路面。项目区属亚热带湿润季风气候区。气候特征为:气候温暖湿润,四季分明,雨量充沛,光照充足,无霜期长。根据现行的公路区划标准,本项目沿线位于江淮丘陵润湿区(Ⅳ2区),气候湿润,以春雨、梅雨为典型的气候现象,气温较高,地表土层以冲积土、软土为主,含水量较高。

路基平衡湿度是指公路建成通车后,路基在地下水、降雨、蒸发、冻结和融化等因素作用下,湿度达到相对稳定的平衡状态,此时的湿度称为路基平衡湿度,即路基湿度达到与周围环境相平衡的稳定状态时的湿度。由于平衡湿度无法反映非黏性土的湿度状态,也难以准确地反映含水率对回弹模量的影响,《公路路基设计规范》(JTG D30—2015)采用饱和度来表征路基土的湿度状态,即路基平衡湿度用饱和度来表示。路基干湿类型根据路基的湿度来源分为潮湿、中湿、干燥三类。同时,结合我国地理、气候特点,将全国的公路自然区划进行划分。

2. 任务

(1) 列举我国一级区划名称,叙述一、二级区划的具体位置与界限,并根据基本资料中的江淮丘陵润湿区(Ⅳ2区),按二级区划划分要求推测本项目所处的地区。

(2) 列举路基湿度的影响源,并简述各影响源的含义。

实训二　路基干湿类型判定

1. 基本资料

(1)对于潮湿类路基的平衡湿度,可根据路基土组类别及地下水位高度,确定距地下水位不同高度处的饱和。

(2)对于干燥类路基的平衡湿度,可根据路基所在自然区划的湿度指标 TMI 和路基土组类别确定。即先根据不同自然区划查取相应的 TMI 值,再按路基所在地区的 TMI 值和路基土组类别,查表2-1-1-1,通过插值得到该地区的路基饱和度。(以Ⅳ4区为例,TMI 范围为32.0~67.9)

各路基土组在不同 TMI 值时的饱和度(单位:%)　　表2-1-1-1

土　组	TMI					
	-50	-30	-10	10	30	50
高液限粉土 MH	41~42	61~62	76~79	85~88	90~92	92~95

(3)对于中湿类路基,可先分路基工作区为上部和下部,分别确定其平衡湿度,再以厚度加权平均计算路基的平衡湿度。地下水毛细润湿面以上的路基工作区称为路基工作区上部,按路基土组类别和 TMI 值确定其平衡湿度;地下水毛细润湿面以下的路基工作区称为路基工作区下部,按路基土组类别和距地下水位的距离确定毛细润湿面最上部及毛细润湿面最下部各自平衡湿度的平均值,作为路基工作区下部的平衡湿度。

2. 任务

此路基修筑在Ⅳ4区,中等交通,黏质土(CH),地下水位距原地面4.8m,请确定当路基高度分别为2.5m、2.0m、1.5m时路基的湿度状态以及上路床底面和下路床底面的路基平衡湿度。

实训三　承载板测试土基回弹模量

1. 基本资料

一般采用土基回弹模量来表示土基的承载能力。承载板测定土基回弹模量试验方法,主要适用于在现场土基表面,通过承载板对土基逐级加载、卸载,测出每级荷载下相应的土基回弹变形值,经过计算求得土基回弹模量。目前,我国采用板厚 20mm、直径 30cm 的刚性承载板,试验现场测试装置如图 2-1-1-1 所示。

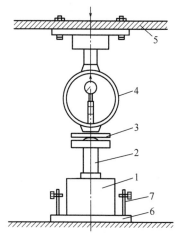

图 2-1-1-1　承载板试验现场测试装置示意图
1-加载千斤顶;2-钢圆筒;3-钢板及球座;4-测力计;5-加劲横梁;6-承载板;7-立柱及支座

1)测试步骤

(1)用千斤顶开始加载,注视测力环或压力表,至预压 0.05MPa,稳压 1min,使承载板与土基紧密接触,同时检查百分表的工作情况是否正常,然后放松千斤顶油门卸载,稳压 1min 后,将百分表调零或调至其他合适的初始位置上,记录初始读数。

(2)测定土基—压力变形曲线。用千斤顶加载,采用逐级加载卸载法,用压力表或测力环控制加载量,压力小于 0.1MPa 时,每级增加 0.02MPa,以后每级增加 0.04MPa 左右。为了使加载和计算方便,加载数值可适当调整为整数。每次加载至预定压力(p)后,稳定 1min,立即读记两个百分表数值,然后轻轻放开千斤顶油门卸载至 0,待卸载稳定 1min 后,再次读数,每次卸载后百分表不再调零。当两个百分表读数之差小于平均值的 30% 时,取平均值。如超过 30%,则应重测。当回弹变形值超过 1mm 时,即可停止加载。

(3)计算回弹变形和总变形,按以下方法计算:

回弹变形 =(加载后读数平均值 – 卸载后读数平均值)×贝克曼梁杠杆比

总变形 =(加载后读数平均值 – 加载初始前读数平均值)×贝克曼梁杠杆比

(4)最后一次加载卸载循环结束后,取走千斤顶,重新读取百分表初读数,然后将汽车开出 10m 以外,读取终读数,按以下方法计算总影响量 a:

总影响量(a) =(百分表初读数平均值 – 百分表终读数平均值)×贝克曼梁杠杆比

(5)在试验点下取样,测试材料含水率。取样数量如下:

最大粒径不大于 4.75mm,试样数量约 120g;

最大粒径不大于 19.0mm,试样数量约 250g;

最大粒径不大于 31.5mm,试样数量约 500g。

(6)用灌砂法或环刀法测定土基密度。

2)数据处理

各级压力下的影响量 a_i 按式(2-1-1-1)计算:

$$a_i = \frac{(T_1 + T_2)\pi D^2 p_i}{4T_1 Q} \cdot a \tag{2-1-1-1}$$

式中:a_i——第 i 级压力的影响量(0.01mm);

T_1——载重汽车前后轴距(m);

T_2——加劲小梁距后轴距离(m);

D——承载板直径(m),记为 0.3m;

p_i——第 i 级承载板压力(Pa);

Q——载重汽车后轴重(N);

a——总影响量(0.01mm)。

回弹变形计算值(L_i)为各级压力的回弹变形值加上该级的影响量。排除显著偏离的异常点,绘出顺滑的 p-L 曲线,如曲线起始部分出现反弯,应按图 2-1-1-2 所示修正原点 O,O' 则是修正后的原点。

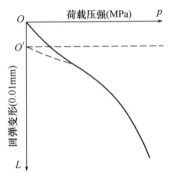

图 2-1-1-2 修正原点示意图

按式(2-1-1-2)计算相应于各级荷载下的土基回弹模量 E_i:

$$E_i = \frac{\pi D}{4} \cdot \frac{p_i}{L_i}(1 - \mu_0^2) \tag{2-1-1-2}$$

式中:E_i——相应于第 i 级荷载下的土基回弹模量(MPa);

μ_0——土的泊松比,根据《公路沥青路面设计规范》(JTG D50—2017)规定取用,当无规定时,非黏性土可取 0.30,高黏性土取 0.50;一般可取 0.35 或 0.40;

L_i——相对于荷载 p_i 时的第 i 级回弹变形计算值(cm)。

取结束试验前的各级回弹变形计算值,按线性回归方法由式(2-1-1-3)计算土基回弹模量 E_0。

$$E_0 = \frac{\pi D}{4} \cdot \frac{\sum p_i}{\sum L_i}(1 - \mu_0^2) \qquad (2\text{-}1\text{-}1\text{-}3)$$

2. 任务

使用承载板法测定土基回弹模量,并填写表 2-1-1-2。

承载板法测定土基回弹模量 表 2-1-1-2

主要仪器设备	仪器设备名称		型号规格			编号		使用情况		

路面结构		测定层位		设计回弹模量(MPa)	
测试车车型		泊松比		承载板直径(mm)	
测试车前后轴距(mm)		加劲小梁距后轴距离(mm)		测试车后轴重(N)	

千斤顶读数	荷载 P (kN)	承载板压力 p (MPa)	百分表读数(0.01mm)						回弹总变形(0.01mm)	回弹变形(0.01mm)	分级影响量(0.01mm)	计算回弹变形(0.01mm)	修正回弹变形(0.01mm)	土基回弹模量 E_i (MPa)
			左表			右表								
			加载前	加载后	卸载后	加载前	加载后	卸载后						

取走千斤顶百分表读数 (0.01mm)				
汽车开出 10m 以外百分表读数(0.01mm)			总影响量(0.01mm)	
土基回弹模量 E_0 (MPa)				

试验人: 指导老师:

项目二 路基结构设计

实训一 路基典型断面形式识读

1. 基本资料

通常根据公路路线设计确定的路基高程与天然地面高程是不同的,路基设计高程低于天然地面高程时,需进行挖掘;路基设计高程高于天然地面高程时,需进行填筑。由于填挖情况的不同,路基横断面的典型形式有路堤、路堑和填挖结合路基三种类型。路堤全部用岩土填筑而成,路堑则全部在天然地面上开挖而成。当天然地面横坡大,且路基较宽,需要一侧开挖而另一侧填筑时,为填挖结合路基。在丘陵或山岭区公路上,填挖结合路基横断面为主要形式。

2. 任务

绘制路堤、路堑、填挖结合路基的典型断面形式示意图。

实训二 整体式路堤横断面设计与绘制

1. 基本资料

某新建重交通公路位于浙江省中部丘陵地区,初步设计批复为三级公路技术标准,沥青混凝土路面,设计速度为40km/h。路线中桩地面高程为35m,路基中心设计高程为50m,采用黏性土填筑。

2. 任务

进行整体式路堤横断面设计,并按1∶200的比例尺绘制。

(1)试确定车道数和车道宽度。

(2)试确定路肩宽度。

(3)试确定路拱横坡坡度和填方边坡坡度。

(4)若原地面横坡陡于1∶5,应开挖防滑台阶,试进行相应设计。

项目三 路基排水设计

实训一 识读路基排水系统平面布置图

1. 基本资料

已知某公路为山岭区二级公路,设计速度60km/h,某路段的路基排水系统平面布置如图2-1-3-1所示。

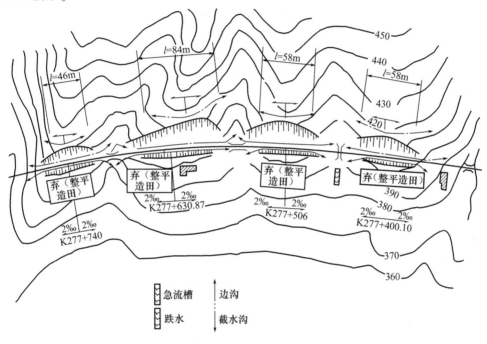

图 2-1-3-1 路基排水系统平面布置

2. 任务

(1)识读桥梁和涵洞的位置。
(2)识读水流方向和进出口沟底高程。
(3)识读地形等高线、主要沟渠、必要的路堤坡脚线和路堑坡顶线。
(4)指出取土坑和弃土堆的位置。
(5)识读各种路基排水设施的类型、位置、排水方向与纵坡、长度、出水口与分界点的位置等。

实训二　路基排水设施设置分析

1. 基本资料

东北平原某高速公路位于地下水丰富地区，为保证路基稳定，采用了多种排水设施如下：

(1)在填方路基边坡坡脚3m外设置浆砌片石排水沟；

(2)为降低地下水位，设置管式渗沟，并在长100~300m管式渗沟末端设横向泄水管；

(3)低填方路段设边沟，当沟底纵坡大于3%时，采用浆砌片石铺砌加固；

(4)为避免高路堤边坡被路面水冲毁，在路肩上设拦水缘石，在拦水带口处设急流槽引离路基，与高路堤急流槽连接处设喇叭口。

2. 任务

(1)该工程中采用的多种排水设施哪些属于排除地面水设施？除这些排除地面水设施外，还有其他哪些设施？

(2)为保证浆砌片石排水沟正常使用，应在什么位置增设哪些设施？

(3)管式渗沟的泄水管可用哪些材料？管式渗沟和填石渗沟能否互相替代？为什么？

项目四 路基稳定性验算

实训一 直线滑动面的路基边坡稳定性验算

1. 已知陡坡路堤的横断面如图 2-1-4-1 所示,路堤横断面面积 $A = 125\text{m}^2$,填土重度 $\gamma = 18\text{kN/m}^3$,黏结力 $c = 9.8\text{kPa}$,基底接触面的内摩擦角 $\varphi = 20°52'$,路堤稳定安全系数 $K = 1.25$。试验算此路堤的整体稳定性。

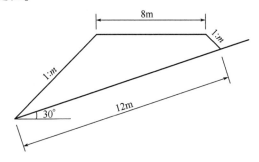

图 2-1-4-1　某陡坡路基边坡横断面

2. 已知一路堤横断面图如图 2-1-4-2 所示,填料为砂性土,重度 $\gamma = 18.52\text{kN/m}^3$,黏结力 $c = 10\text{kPa}$,内摩擦角 $\varphi = 30°$,稳定安全系数 $K = 1.25$。试问该路堤边坡是否会沿滑动面 AB 产生滑动?

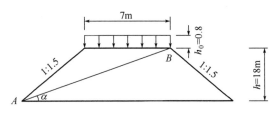

图 2-1-4-2　某砂性土路基边坡横断面

实训二　圆弧滑动面的路基边坡稳定性验算

某一均质黏性土土坡如图 2-1-4-3 所示,高 18m,边坡坡率 1∶2,填土重度 $\gamma = 19\text{kN/m}^3$,黏结力 $c = 27\text{kPa}$,内摩擦角 $\varphi = 23°$。试用瑞典条分法计算黏性土边坡的稳定安全系数 K。

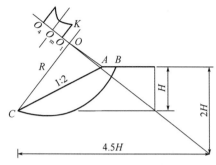

图 2-1-4-3　某黏性土路基边坡横断面

实训三　折线滑动面的路基边坡稳定性验算

某公路路堤横断面如图 2-1-4-4 所示,路堤土为亚黏土,重度 $\gamma = 17.64 \text{kN/m}^3$,内摩擦角 $\varphi = 27°$,黏结力 $c = 9.8 \text{kPa}$,试验算该路堤的稳定性。

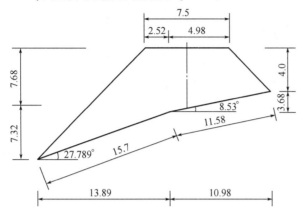

图 2-1-4-4　某亚黏土路基边坡横断面(尺寸单位:m)

项目五 路基防护与加固

实训一　碎石土边坡坡面防护与加固

某高速公路基本资料同项目四实训四。坡体主要由碎石土组成。开挖后坡体沿着折线形滑动面向坡脚滑动变形。试设计边坡坡面防护与加固方案,并提供两种方案做比较分析后给出推荐方案。

实训二　边坡生态防护措施

某公路路堑边坡坡长75m,最大开挖高度34m。设计为四级坡,开挖坡坡度均为1∶0.75。该边坡由砂泥岩组成,坡体整体稳定。试结合边坡现场情况(图2-1-5-1),分析各级坡适合的生态防护措施。

图 2-1-5-1　边坡现场情况

实训三　岩质边坡防护与加固

某公路路堑边坡长约100m,最大高度约45m,开挖坡坡度为1:0.5。开挖揭露边坡上部为中微风化厚层砂岩,岩体受节理和岩层面切割呈似块体结构,并发育了一处危岩体,中下部为强风化泥岩夹粉砂质泥岩,如图2-1-5-2所示。试给出该边坡防护与加固措施,并说明理由。

图2-1-5-2　病害岩质边坡现场情况

项目六　挡土墙设计

实训一　路肩挡土墙抗滑动稳定性和抗倾覆稳定性验算

如图 2-1-6-1 所示,已知某土质地基上的路肩墙高 8m,顶宽 1.3m,墙高 $h=8$m,墙面与墙背平行,基底水平,经计算土压力为 $E_x=35.50$kN,$E_y=7.5$kN,$Z_x=1.9$m,$Z_y=2.0$m,基底摩擦系数 $\mu=0.25$,墙身重度 $\gamma=24.2$kN/m³,墙身自重重心距墙趾水平距离 $Z_G=1.4$m,按分项安全系数极限状态验算($\gamma_{Q_1}=1.3$),试验算抗滑动稳定性、抗倾覆稳定性。

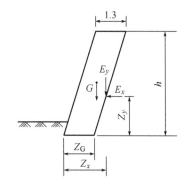

图 2-1-6-1　某路肩挡土墙断面(尺寸单位:m)

实训二　路堤挡土墙稳定性、合力偏心距及地基承载力验算

已知作用在某挡土墙上的作用力(图 2-1-6-2)。$E_x = 66.12\text{kN}, E_y = 4.00\text{kN}, G_0 = 160.25\text{kN}$，$Z_x = 1.97\text{m}, Z_y = 1.86\text{m}, Z_0 = 1.54\text{m}, \alpha_0 = 11.31°$，墙底与地基土摩擦系数 $\mu = 0.4$，地基承载力为 250kPa。试验算该挡土墙抗倾覆稳定性、抗滑动稳定性、合力偏心距及地基承载力。

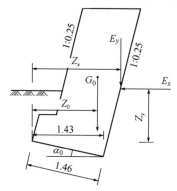

图 2-1-6-2　某路堤挡土墙断面(尺寸单位:m)

实训三　路肩挡土墙立面、横断面与平面设计

1. 基本资料

某二级公路 K10+500～K10+560 段为直线路段,拟在右侧修建重力式路肩挡土墙,挡土墙处纵断面地面线测量结果及设计高程见表 2-1-6-1,K10+502～K10+550 段横向地势平坦。

设 计 资 料　　　表 2-1-6-1

桩号	K10+480	K10+500	K10+502	K10+550	K10+560	K10+580
地面高程(m)	109.19	106.69	100.69	101.22	102.56	102.06
路肩边缘设计高程(m)	107.36	106.56	—	104.56	104.16	103.36

设计资料:墙身材料采用 M7.5 水泥砂浆砌片石,砌体的重度为 $22kN/m^3$,容许压应力为 1250kPa,容许剪应力为 175kPa;墙后填料选用砂土,经土工试验得到其重度为 $18kN/m^3$,内摩擦角为 35°;地基为中密砾石土,容许承载力 500kPa,基底摩擦系数取 0.5;设计车辆荷载等级为公路—Ⅱ级。

2. 任务

建议墙顶宽度 1.0～1.3m,墙背与墙面平行,墙背坡度取 1∶0.25。试确定墙身断面尺寸,绘制挡土墙立面图、横断面图和平面图,并计算挡土墙工程数量。

实训四 重力式挡土墙结构设计

1. 基本资料

某新建公路 K2+345～K2+379 路段拟采用浆砌片石重力式挡土墙,墙背坡度为 1:0.5,墙面竖直,挡土墙埋深在 0.5m 以上,路基宽度 8.5m,路面宽度 7.0m,填方边坡坡度 1:1.5,挖方边坡坡度 1:0.5。其横断面地面资料见表 2-1-6-2。

横断面地面资料　　　　表 2-1-6-2

左　侧		桩　号	右　侧		路基设计高程（m）	中桩原地面高程（m）
-2.68	-3.4	K2+345	2.4	4.56	631.45	628.57
-2.46	-3.66	K2+350	2.44	2.46	631.08	628.62
-3.7	-3.5	K2+356	2.24	2.86	629.62	627.68
-3.6	-4.4	K2+361	2.46	1.24	628.51	627.73
-2.6	-2.66	K2+367	2.5	1.55	630.30	627.79
-1.65	-3.7	K2+373	2.6	2.4	629.08	628.85
-1.26	-1.86	K2+379	1.2	1.8	629.03	627.91

2. 任务

请按要求绘制挡土墙立面图,并对挡土墙的伸缩缝、沉降缝以及排水设施(泄水孔)进行设计。

第二分篇 路基施工

项目一 路基施工准备

实训一 路基施工准备工作

1. 基本资料

某新建公路路线全长10km,承包商为了保证工程按期按质完车,在施工前首先编制了施工组织设计,在编制路基工程施工组织设计时,除了与总体施工组织设计内容基本相同外,还根据路基工程施工的自身特点,在确定施工方案和进度计划时,重点考虑了以下情况:

(1)施工进度计划;
(2)布置好堆料点、运料线、行车路;
(3)钻爆作业设计;
(4)弃渣场设计;
(5)工地施工组织;
(6)生产要素配置;
(7)施工方法和土石方调配方案。

2. 任务

(1)在确定路基工程施工方案和进度计划时重点考虑的情况中,哪些项不是确定路基工程施工方案和进度计划时应重点考虑的?

(2)项目总体施工组织设计的编制方法和步骤有哪些?

实训二 路基边桩放样

1. 已知某公路路堤地面横坡度倾斜度较大但均匀一致，需进行路基边桩放样。请绘制断面示意图并列出相关计算公式。

2. 已知公路某桩号处路基填高 $H=2.5$m，路基边坡坡度为 $1:1.5$，原地面为单一坡度的倾斜面，坡度为 $1:10$，路基宽度为 8.5m。请绘制断面示意图并计算出左、右两侧边桩至中桩的距离。

实训三 路基中线放样

1. 基本资料

已知某公路平面控制点 $A(N500,E500)$、$B(N520,E520)$ 的位置与坐标,设计资料提供了中线点 $P(N510,E525)$ 的坐标,如图 2-2-1-1 所示。

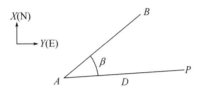

图 2-2-1-1 平面点位示意图

2. 任务

(1) 坐标法点位放样

以 A 点为测站点,B 点为后视点,通过全站仪输入 P 点坐标,再实地放样点 P 的位置。

(2) 极坐标点位放样

当放样点距已知直线上某定点(如导线点)不远,且易于量距测角时,宜采用极坐标法定点。如图 2-2-1-1 所示,P 为放样点,A、B 为控制点。如以 A 为极点,则可根据 A、B 坐标反算出 AB 距离,计算出 AP 方位角 α_{AP} 与 AB 方位角 α_{AB}。由图 2-2-1-1 可知,α_{AP} 与 α_{AB} 之差即为所求的极角 β。使用全站仪和钢尺把极角 β、极距 D 放样到地面上去,即可确定 P 点位置。计算公式如下:

$$\alpha_{AB} = \tan^{-1}\left(\frac{Y_B - Y_A}{X_B - X_A}\right) \qquad \alpha_{AP} = \tan^{-1}\left(\frac{Y_P - Y_A}{X_P - X_A}\right)$$

$$\beta = \alpha_{AP} - \alpha_{AB} \qquad D = \sqrt{(X_P - X_A)^2 + (Y_P - Y_A)^2}$$

请计算出上述参数,并在实地完成点 P 的放样。

(3) 角度交会法点位放样

角度交会法点位放样如图 2-2-1-2 所示,先根据控制点 A、B 和放样点 P 的坐标,反算出水平角 β_1、β_2。再在 A、B 点上安置全站仪分别放出 β_1、β_2,并在交会方向线上于 P 点前、后分别标定骑马桩 1、2 和 3、4。最后在 1、2 和 3、4 点上分别拉上线绳,则两线交点即是角度交会点。为了保证交会点的精度,交会角值应在 30°~150°之间。请在实地完成点 P 的放样,并分析此法的适用条件。

(4) 距离交会法点位放样

如图 2-2-1-3 所示,先根据控制点 A、B 和待放样点 P 的坐标,反算出水平距离 d_1 和 d_2。测设时,需同时用两把钢尺,分别将零点对准 A 与 B,将钢尺拉平且使尺上的读数 d_1 和 d_2 的刻度线交于一点,则该点即是放样点 P。请在实地完成点 P 的放样,并分析此法的适用条件。

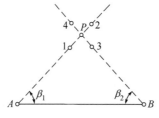 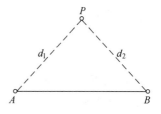

图 2-2-1-2　角度交会法　　　　图 2-2-1-3　距离交会法

实训四 水平角放样

1. 基本资料

如图 2-2-1-4 所示,角顶点 A 及方向线 AB 已确定,拟在 A 点从 AB 开始顺时针方向设置水平角 β,定出 AC 方向。放样时,多采用正倒镜分中法。在 A 点安置全站仪,先以盘左位置使水平度盘读数为零照准 B 点,转动照准部,使读数为 β,在视线方向定出 C' 点;再用盘右位置以同样方法放样出 β 角,定出 C'' 点;然后定出 $C'C''$ 中点 C,则 AC 即为放样的方向线,$\angle BAC$ 为放样角 β。

若需精确放样 β 角,可按图 2-2-1-5 进行。先按上法定出 $\angle BAC$,再用全站仪观测 $\angle BAC$ 数个测回,取其平均值 β' 作为观测结果。令观测值 β' 与放样角值 β 之差为 $\triangle\beta$,则可根据 AC 长度和 $\triangle\beta$ 计算垂距 $CC_1:CC_1 = AC \cdot \tan\triangle\beta$。

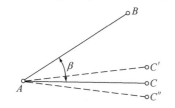 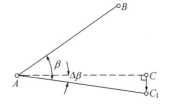

图 2-2-1-4 已知水平角的放样(一)　　图 2-2-1-5 已知水平角的放样(二)

过 C 作 AC 的垂线,在垂线上按 CC_1 定出 C_1 点,则 $\angle BAC_1$ 即为所放样之 β 角。若 $\triangle\beta$ 为正,则按逆时针方向改正点位;$\triangle\beta$ 为负,则按顺时针方向改正点位。

2. 任务

请按上述要求在实地完成水平角的放样,同时在实地进行角度精确放样,并谈谈水平角放样对路基施工的意义。

实训五　已知高程的放样

1. 基本资料

已知高程的放样,是根据已知高程点,用水准测量的方法进行。如图 2-2-1-6 所示,设 A 点的已知高程为 40.359m,在 B 点放样的高程为 41.000m,则在 A、B 间安置水准仪,后视 A 点的尺读数为 2.468,仪器视线高程为:$H_{仪} = 40.359 + 2.468 = 42.827\mathrm{m}$;$B$ 点的尺读数应为:$B = 42.827 - 41.000 = 1.827(\mathrm{m})$。

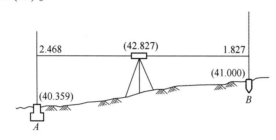

图 2-2-1-6　已知高程的放样

操作时,在 B 点徐徐打入木桩(或先打下木桩,紧贴木桩侧面上下移动标尺),直至前视读数恰为 1.827m 为止(或沿尺底在木桩侧面划一水平线),即可得放样点 B 的高程位置。

2. 任务

请按上述要求在实地完成已知高程的放样,并谈谈已知高程放样对路基施工的意义。

项目二　土质路基施工

实训一　路堤填筑施工方法与程序

1. 基本资料

某路桥施工企业中标承包某一级公路 H 合同段的路基施工。其中：K20+000～K21+300 为填方路段，路线经过地带为旱地，原地面横坡平缓，该路段需填方 53000m³；K21+320～K21+700 为挖方路段，表面土质为砂性土，下为风化的砂岩，其强度为 14MPa 左右，该路段开挖土方 55000m³，开挖石方 6100m³；K21+720～K26+000 为半填半挖路段，土石方基本平衡。沿线未发现不良地质路段。

2. 任务

(1) K20+000～K21+300 宜采用的填筑方法是什么？
(2) 试对本合同段内的土石方进行调配。
(3) 试述路堤填筑施工的程序。

实训二　路堤填筑施工方案

1. 基本资料

某公路工程 H 合同段,其中土方路基绝大部分是借土填方,路堤边坡高度≥20m,地面横坡>12%,施工单位施工组织设计中路堤填筑的施工方案如下:

(1)土质分析。本路段主要是粉质土,颗粒组成以小于 0.075mm 为主,属于细粒土组,是较好的路堤填筑材料。

(2)压实机具的选择与操作。本路段选用 CA25D 和 YZT16 型振动压路机组合碾压施工。施工过程中,压路机行走速度控制在 2~4km/h。开始时土体松散,采用轻压(静压),然后用最大振动力进行振压,压力越大压实效果越好。先压中间,然后向两边压实,并注意纵向和横向压实时的重叠,确保压实均匀。

(3)试验路段的结果。在 K18+100~K18+200 处,分别取三种松铺厚度 20cm、30cm、40cm 进行试验,试验路段测试结果最佳含水率为 13.4%,其他指标均符合路堤填筑要求,松铺厚度选用 30cm。

施工中施工单位准确放样,认真压实原地基后采用纵向分层填筑施工方案进行了路堤填筑,填筑过程中每完成一层均检测了压实度、弯沉、纵断高程、中线偏位、宽度、横坡、边坡几个项目,依次判断合格后再进行下一层填筑。在施工过程中遇雨,雨后检测填料含水率在 15%~17% 范围变化,严格按压实质量控制进行施工仍出现"弹簧"现象,为赶工期,施工单位掺入生石灰粉翻拌,待其含水率适宜后重新碾压。最后如期完成路基施工进入路面基层施工工序。

2. 任务

(1)试评价该施工单位施工方案。

(2)测试填料最佳含水率可以用哪些方法?简述各自的适用范围。本工程最适宜的方法是什么?

(3)在填筑过程中施工方对碾压层做出的合格判断是否合理?为什么?

(4)本工程出现弹簧现象的根本原因何在?请分析相应处理方法的合理性与原因。

实训三　土方路基施工质量分析

1. 基本资料

某新建一级公路土方路基工程施工,该工程取土困难。K10+000~K12+000段路堤位于横坡陡于1:5的地面,施工方进行了挖台阶等地基处理,然后采用几种不同土体填料分层填筑路堤,填筑至0~80cm,施工方选择细粒土,采用18t光轮压路机,分三层碾压。三层碾压完成后,检测了中线偏位、纵断高程、压实度、平整度、宽度、横坡度和边坡坡度等,认定土方路基施工质量合格,提请下一道工序开工。

2. 任务

(1) 土方路基施工常用机械设备有哪些?

(2) 对于挖台阶处的填筑具体应如何实施?在公路工程中有哪些情况需要进行挖台阶处理?

(3) 请从强度、水稳定性及透水性三个方面对不同土体填筑路堤施工提出要求。

(4) 影响土方路基质量最关键的因素是填料和压实,该工程的施工方法对此是否有效控制?为什么?

实训四　路基压实度测试

1. 基本资料

路基压实度的测试方法主要有:挖坑灌砂法、核子密湿度仪法、环刀法、钻芯法、无核密度仪法等。

1) 挖坑灌砂法

(1) 目的与适用范围

本方法是一种破坏性量测方法,适用于在现场测试基层或底基层、砂石路面及路基结构的压实度,以评价结构层的压实质量。但不适用于填石路堤等有大孔洞或大孔隙的结构压实度测试。试验之前要通过击实试验得到试样的最大干密度,并准备量砂,标定仪器。试验用的灌砂筒和标定罐按尺寸分为小型、中型、大型三种,常用的中型灌砂筒和标定罐如图 2-2-2-1 所示。

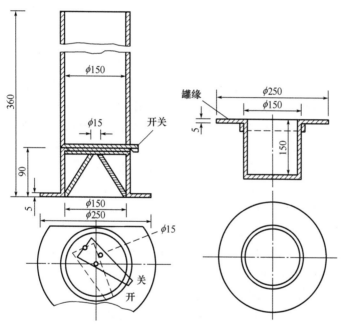

图 2-2-2-1　中型灌砂筒和标定罐(尺寸单位:mm)

(2) 标定工作

① 标定灌砂设备下部圆锥体内砂的质量。

a. 在储砂筒筒口高度上,向储砂筒内装砂至距筒顶距离为 15mm±5mm。称取装入筒内砂的质量 m_1,准确至 1g。以后每次标定及试验都应该维持装砂高度与质量不变。

b. 将开关打开,让砂自由流出,并使流出砂的体积与标定罐的容积相当(或等于工地所挖试坑的体积),然后关上开关。

c. 不晃动灌砂筒,轻轻地将灌砂筒移至玻璃板上,将开关打开,让砂流出,直到筒内砂不再下流时,将开关关上,取走灌砂筒。

d. 称量留在玻璃板上的砂或称量灌砂筒内砂的质量,准确至1g。玻璃板上的砂质量就是圆锥体内砂的质量(m_2)。

e. 重复上述测量三次,取其平均值。

②标定量砂的松方密度ρ_s(g/cm³)。

a. 用15~25℃水确定标定罐的容积V,准确至1mL。

b. 在灌砂筒中装入质量为m_1的砂,并将灌砂筒放在标定罐上,将开关打开,让砂流出。在整个流砂过程中,不要碰灌砂筒,直到灌砂筒内的砂不再下流时,将开关关闭。

c. 取下灌砂筒,称取筒内剩余砂的质量(m_3),准确至1g。

③按式(2-2-2-1)计算填满标定罐所需砂的质量m_a。

$$m_a = m_1 - m_2 - m_3 \qquad (2\text{-}2\text{-}2\text{-}1)$$

④重复上述测量三次,取其平均值。

⑤按式(2-2-2-2)计算量砂的松方密度。

$$\rho_s = \frac{m_a}{V} \qquad (2\text{-}2\text{-}2\text{-}2)$$

(3)测试步骤

①在试验地点,选一块平坦表面,将其清扫干净,面积不得小于基板面积。

②将基板放在平坦表面上。当表面的粗糙度较大时,将盛有量砂(m_1)的灌砂筒放在基板中孔上,做好基板位置标识。将灌砂筒的开关打开,让砂流入基板中孔内,直到储砂筒内的砂不再流下时关闭开关。取下灌砂筒,并称量灌砂筒内砂的质量(m_5),准确至1g。

③取走基板,收回留在试验地点未混入杂质的量砂,重新将表面清扫干净。

④将基板放回原处并固定,沿基板中孔凿洞(洞的直径与灌砂筒直径一致)。在凿洞过程中,不应使凿出的材料丢失,并随时将凿松的材料取出装入塑料袋或大铝盒内密封,防止水分蒸发。试洞的深度应等于测试层的厚度,但不得有测试材料混入。称取洞内材料的质量m_w,准确至1g。当需要测试厚度时,应先测量厚度后再称量材料总质量。

⑤从挖出的全部材料中取有代表性的试样,放在铝盒或洁净的搪瓷盘中,按照《公路土工试验规程》(JTG 3430—2020)的有关规定测试其含水率(w)。

单组取样数量如下:用小型灌砂筒测试时,对于细粒土,不少于100g;对于各种中粒土,不少于500g。用中型灌砂筒测试时,对于细粒土,不少于200g;对于各种中粒土,不少于1000g;对于粗粒土或水泥、石灰、粉煤灰等无机结合料稳定材料,宜将取出的材料全部烘干,且不少于2000g,称其质量(m_d)。用大型灌砂筒测试时,宜将取出的材料全部烘干,称其质量(m_d)。

⑥灌砂筒内放满砂到要求质量,将基板安放在试坑原位上。灌砂筒安放在基板中间,下口对准基板中孔,打开灌砂筒开关,让砂流入试坑内。在此期间,不应碰灌砂筒,直到灌砂筒内的砂不再下流时,关闭开关。取走灌砂筒,并称量筒内剩余砂的质量(m_4),准确至1g。

⑦如清扫干净的平坦表面粗糙度不大,也可省去②和③的操作。在试洞挖好后,将灌砂筒直接对准试坑,中间不需要放基板。打开灌砂筒开关,让砂流入试坑内。在此期间,不应碰灌砂筒,直到灌砂筒内的砂不再流下时,关闭开关。取走灌砂筒,并称量剩余砂的质量(m'_4),准确至1g。

⑧取出灌砂筒内的量砂,以备下次试验时再用。

⑨取走基板,将留在试坑内未混入杂质的量砂收回;将坑内剩余量砂清理干净后,回填与被测结构同材质的填料,并用铁锤分3~4层夯实。

⑩回收的量砂烘干、过筛,并放置24h以上,使其与空气的湿度达到平衡后可以继续使用。若量砂中混有杂质,则应废弃。

(4)数据处理

按式(2-2-2-3)或式(2-2-2-4)计算填满试坑所用砂的质量m_b。

灌砂时,试坑上放有基板时:

$$m_b = m_1 - m_4 - (m_1 - m_5) \quad (2\text{-}2\text{-}2\text{-}3)$$

灌砂时,试坑上不放基板时:

$$m_b = m_1 - m_4' - m_2 \quad (2\text{-}2\text{-}2\text{-}4)$$

按式(2-2-2-5)计算试坑材料的湿密度ρ_w。

$$\rho_w = \frac{m_w}{m_b} \times \rho_s \quad (2\text{-}2\text{-}2\text{-}5)$$

按式(2-2-2-6)计算试坑材料的干密度ρ_d。

$$\rho_d = \frac{\rho_w}{1 + 0.01w} \quad (2\text{-}2\text{-}2\text{-}6)$$

当为水泥、石灰、粉煤灰等无机结合料稳定土时,可按式(2-2-2-7)计算密度。

$$\rho_d = \frac{m_d}{m_b} \times \rho_s \quad (2\text{-}2\text{-}2\text{-}7)$$

按式(2-2-2-8)计算施工压实度。

$$K = \frac{\rho_d}{\rho_c} \times 100 \quad (2\text{-}2\text{-}2\text{-}8)$$

式中:ρ_c——由击实等试验得到的最大干密度(g/cm³)。

2)核子密湿度仪法

这是一种非破坏测定方法。它利用放射性元素(γ射线和中子射线)测试路基、路面材料的密度和含水率。本方法适用于现场用核子密湿度仪以散射法或直接透射法测定路基或路面材料的密度含水率,并计算施工压实度。它满足施工现场压实度测试快速、无破损检测的要求,同时还具有操作方便、明显直观的优点。

由于核子密湿度仪法广泛用于工地的施工质量控制及快速评定,但由于受测定层温度及多种环境因素的影响,其测定值的波动性较大,规定检测时必须经常标定,尤其是与试验段测定时的条件一致,对纹理较大的路面必须用细砂填平,每次测定以13个测点的平均值作为一个数据。

3)环刀法

它是一种破坏性的量测方法。优点是设备简单、使用方便。本方法规定在道路工程现场用环刀法测定土基及路面材料的密度及压实度;此法适用于现场测定细粒土及龄期不超过2d的无机结合料稳定细粒土结构的密度,并计算施工压实度,以评价结构层的压实质量。

环刀内径6~8cm,高2~5.4cm,壁厚1.5~2mm。测定的只是环刀高度范围内的平均密度,不能反映整个压实层的平均密度。因为压实层从上到下压实功逐渐减弱,形成密度逐渐减小,若环刀的位置靠上层,所得的代表值偏大,若环刀的位置靠下层,所得的代表值偏小。另外使用范围较窄,松散类以及含粒料的稳定类材料都不适用。

4) 钻芯法

它是一种破坏性的量测方法。适用于测试从压实的沥青路面上钻取的沥青混合料芯样的密度,以评定沥青面层的施工压实度。

5) 无核密度仪法

本方法适用于现场无核密度仪快速测试当日铺筑且未开放交通的沥青路面各层沥青混合料的密度,并计算压实度。测试结果不宜用于评定验收。

2. 任务

用挖坑灌砂法现场测定某路段路基压实度,并填写表 2-2-2-1、表 2-2-2-2。

量砂密度、锥砂重试验记录表

表 2-2-2-1

承包单位：　　　　　　　　　　　　合同号：
监理单位：　　　　　　　　　　　　编　号：

试验单位			试验日期	
使用单位			灌砂筒编号	
量砂来源			标定罐编号	

	试验次数		1	2	3
圆锥体砂质量	筒+砂质量(g)				
	灌满标定罐后筒+砂质量(g)				
	灌砂至玻璃板后筒+砂质量(g)				
	圆锥体内砂质量(g)	单值			
		平均			
标定罐体积	标定罐+玻璃板质量(g)				
	标定罐+玻璃板质量+水质量(g)				
	标定罐体积(mL)	单值			
		平均			
量砂密度	筒+砂质量(g)				
	砂面距筒顶距离(cm)				
	剩余筒+砂质量(g)				
	标定罐内砂质量(g)				
	量砂密度(g/cm^3)	单值			
		平均			

结论：　　　　　　　　　　　　　　　　　　　　　监理意见：

试验人：　　　　　　　　　　　　　　　指导老师：

挖坑灌砂法测试压实度记录与计算表

表 2-2-2-2

现场温度 _____ ℃　　现场湿度 _____ %

试样描述：

主要仪器设备	仪器设备名称	型号规格	使用情况

检测依据：

试验编号：

试验日期：

最佳含水率(%) _____　　最大干密度(g/cm³) _____　　标准砂密度(g/cm³) _____

结构层次	试验日期	取样桩号	幅别	取样位置	取土深度(cm)	坑中湿土样质量(g)	放基板			灌满试洞后剩砂+试筒质量(g)	试洞内砂质量(g)	湿密度(g/cm³)	锥体砂质量(g)	含水率测定					平均(%)	干密度(g/cm³)	压实度(%)
							筒+量砂质量(g)	筒+量砂总质量(g)	筒+剩余砂质量(g)					盒号	盒质量(g)	盒与湿土质量(g)	盒与干土质量(g)	水分质量(g)	含水率(%)			

测点数(点)	频率(点/100m)	规定值(%)	设计值(%)	平均值(%)	代表值(%)	合格率(%)

说明：

试验人：　　　　　　　　　　　　　　　　指导教师：

项目三　石质路基施工

实训一　公路石质路堑爆破设计方案

1. 基本资料

某施工单位承接了某高速公路路基 A 合同段工程施工，该区段设计速度 100km/h，平均挖深 19m，路基宽度 26m，其中 K12+620~K12+840 段为石质路堑。该区段岩石为石炭系硅质灰岩，岩石较坚硬，多为厚层构造，局部呈薄层状构造，裂隙发育。要求路堑采用钻爆开挖，爆破石渣最大允许直径为 30cm，对开挖石渣尽可能提高利用率。

施工单位编制的爆破设计方案摘要如下：

(1) 边坡采用预裂爆破，路基主体尽量采用深孔爆破，局部采用钢钎炮、烘膛炮等方法。

(2) 采用直径 8cm 的钻头钻孔，利用自行式凿岩机或潜孔钻一次钻到每阶平台设计高程位置。

(3) 爆破顺序采用从上至下的分台阶，顺路线方向纵向推进爆破，控制最大爆破深度不超过 10m，纵向每 40~50m 为一个单元，边坡和主体采用微差爆破一次性完成。

(4) 边坡预裂爆破孔间距为 1m，采用"方格形"布置，按水平方向控制炮杆位置，路基主体内炮孔间距 4m，采用"梅花形"均匀布置。爆破设计方案报主管部门审批时未通过，退回后由施工单位重新修改。

2. 任务

指出并改正该爆破设计方案中的错误之处，并设计正确的爆破方案。

实训二　公路填挖综合施工

1. 基本资料

某山岭区高速公路 K8+120~K8+960 路段进行路基施工,其中 K8+120~K29+560 段为路堑开挖,原地面自然坡度 65°~75°,地表 1~3m 为黏土,下为 Ⅴ级岩石,不含水分。施工方拟采用药壶炮爆破法爆破,挖方共计 13800m³,其中土方 2000m³,石方 11800m³;K29+560~K29+960 段为山坡路堤填筑,需要填方 6000m³。由于上段爆破石料较多,经强度检测,大于 20MPa,施工方拟利用石方用水平分层填筑法填筑成土石路堤,土石比例 1:2 直接铺筑,松铺厚度 50cm,接近设计高程时,改用土方填筑。在施工过程中发现软石坚石有裂缝,药壶炮药壶难以形成,工班长建议为提高路堑开挖速度,改用中型洞室爆破。

2. 任务

(1)从施工角度简述药壶炮爆破法的特点。除药壶炮爆破法外,路基施工还有哪些综合爆破法?并简述它们的优点。

(2)分析该工程土石路堤填筑施工的合理性。

(3)工班长建议改用中型洞室爆破的建议是否可以采纳?为什么?

实训三 公路爆破施工工艺

1. 基本资料

某施工单位承建了某公路工程施工,其中 K35+620~K35+760 段挖方路基位于 1 号大桥和 2 号大桥两桥头之间。路线穿越山顶,路基在山顶形成拉槽通过,衔接前后两座大桥。该段路基长度 100m,两侧边坡坡率 1:0.5,共一级边坡,最大中心挖深 14m,设计挖方数量 2900m³。该段挖方边坡为石质边坡,路线从缓坡上通过,原地面部分基岩裸露,地形坡度 25°~30°。地层岩性为中厚层状灰岩,岩层从左往右倾斜,岩体较破碎,裂隙发育,土石类别以次坚石为主。

路基段落紧邻落别乡,为居民聚集区,路基左右侧下方均有大量房屋依山而建,路基与周边房屋最近直线距离约 60m,最远约 160m,周围 160m 范围内房屋(武寨住户)约 58 户,房屋大多以石砌结构为主。在进行爆破作业时,严格控制最小抵抗线方向,避开密集人群和需要保护的建筑、机械设备。在爆破施工过程中,应预先对周边建筑物边坡拍照备案,并作好监测点。布孔应充分增加岩石临空面,降低炸材使用单耗,减少炸药使用量。爆破施工工艺流程如图 2-2-3-1 所示。

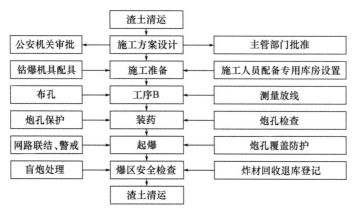

图 2-2-3-1 爆破施工工艺流程

2. 任务

(1)写出爆破施工工艺流程图中工序 B 的名称。
(2)该爆破方案应由哪一机关审批?
(3)该路基爆破施工需采用哪几类爆破方法?
(4)该路基施工可能产生哪些事故类型?说明理由。

第三篇 路面工程

第一分篇 路面设计

项目一 路面结构与设计参数认知

实训一 公路沥青混凝土路面结构性能分析

1. 基本资料

杭州某高速公路辅道工程,按二级公路的标准进行设计,其路面结构依据交通量及其状况和公路等级对路面强度的要求及有关的公路设计规范,并结合沿线地形、水文、地质、气候以及筑路材料的分布情况,贯彻全寿命周期成本理念,遵循因地制宜、合理选材、方便施工、节约投资的原则,采用沥青混凝土路面。

此公路从上至下的路面结构形式如图 3-1-1-1 所示,具体如下:

上面层:4cm 沥青混凝土 AC-13C;
下面层:6cm 沥青混凝土 AC-20C;
基层:20cm 厚 5% 水泥稳定级配碎石;
底基层:20cm 厚 3.5% 水泥稳定级配碎石。

其中,面层间设黏层油,基层顶面设置透层油和封层,封层为 1cm 热熔改性沥青碎石。

2. 任务

(1)图 3-1-1-1 所示的 1cm 封层有哪些作用?应具备哪些性能?

(2)试叙述路面表面层的 AC-13C 应该具备的性能。

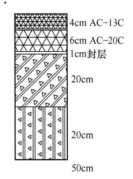

图 3-1-1-1 某公路沥青混凝土路面结构

实训二　复合路面结构设计认知

1. 基本资料

某高速公路地处西秦岭地区,山高谷深,沟壑纵横。在施工图设计阶段根据实测轴载和预测轴次,进一步验算了路面厚度和结构强度,并在满足交通量和使用要求的前提下,按当地筑路材料供应情况,遵循因地制宜、合理选材、方便施工、利于养护、节约投资的原则,进行路面设计方案的技术经济比较,确定路面结构方案,使路面设计在使用年限内满足本路段的交通承载力、耐久性、舒适性和安全性的要求,确保工程质量、降低工程造价。本项目隧道路面全部采用复合式路面。复合式路面结构如下:

上面层4cm高性能改性沥青混凝土superpave-13(采用阻燃沥青、温拌技术);
中面层6cm高性能改性沥青混凝土superpave-20(采用温拌技术);
下面层24cm水泥混凝土(计入隧道路面)。

隧道复合式沥青路面面层掺加阻燃剂(下面层不掺)及温拌剂。

隧道内上、中面层沥青混凝土温拌剂掺量应按照温拌材料说明书相应要求进行掺加,建议掺量为沥青用量的5%。

隧道内上面层采用阻燃沥青,阻燃剂宜采用阻燃、抑烟类的铝-镁系无机阻燃剂,如氢氧化铝、氢氧化镁等。建议掺量为集料质量的1%,使用时可代替部分矿粉。

2. 任务

通过查阅资料,说明复合式路面的适用性与特点,并针对本工程项目分析隧道路面采用复合式路面的原因。

实训三　路基路面回弹弯沉测试

1. 基本资料

本方法适于测试路基及沥青路面的回弹弯沉,以便评价其承载能力。

1)试验步骤

(1)将加载车停放在测试路段的测试位置,后轮一般应置于道路行车轮迹带上。将贝克曼梁插入加载车后轮轮隙处,与加载车行车方向一致,梁臂不得接触轮胎。贝克曼梁测头置于轮隙中心前方 30~50mm 处测点上。用路表温度计测量并记录测点附近的路表温度。可采用两台贝克曼梁对双侧轮迹同时进行回弹弯沉测试。

(2)将百分表安装在表架上,并将百分表的测头安放在贝克曼梁的测定杆顶面。轻轻叩击贝克曼梁,确保百分表正常归位。

(3)指挥加载车缓缓前进,速度一般为 5km/h 左右,百分表示值随路面变形持续增加。当示值最大时,迅速读取初读数 L_1。加载车仍继续前进,示值开始反向变化,待加载车驶出弯沉影响范围(约 3m 以上),百分表示值稳定后,读取终读数 L_2。

(4)指挥加载车沿轮迹带前行,驶向下一测试位置,重复(1)~(3)的步骤,完成测试路段的回弹弯沉测试。

当采用 5.4m 贝克曼梁测试弯沉时,一般可不进行支点变形修正。当有可能引起贝克曼梁支座处变形,在测试时应检验支点有无变形。如果有变形时,应用另一台测试用的贝克曼梁安装在测定用贝克曼梁的后方,其测点架于测定用贝克曼梁的支点旁。当加载车开出时,同时测定两台贝克曼梁的弯沉读数,如检验贝克曼梁百分表有读数,即应该记录并进行支点变形修正。当在同一结构层上测定时,可在不同位置测定 5 次,求取平均值,以后每次测定时以此作为修正值。

2)数据处理

路面测点的回弹弯沉值按式(3-1-1-1)计算。

$$l_t = (L_1 - L_2) \times 2 \quad (3\text{-}1\text{-}1\text{-}1)$$

式中:l_t——在沥青面层平均温度 t 时的回弹弯沉值(0.01mm);

L_1——车轮中心临近贝克曼梁测头时百分表的最大读数(0.01mm);

L_2——加载车驶出弯沉影响半径后待百分表稳定后的终读数(0.01mm)。

当需进行弯沉仪支点变形修正时,按式(3-1-1-2)计算路面测点回弹弯沉值。

$$l_t = (L_1 - L_2) \times 2 + (L_3 - L_4) \times 6 \quad (3\text{-}1\text{-}1\text{-}2)$$

式中:L_3——加载车中心临近贝克曼梁测头时检验用贝克曼梁的最大读数(0.01mm);

L_4——加载车驶出弯沉影响半径后检验用贝克曼梁的终读数(0.01mm)。

注:此式适用于测定用贝克曼梁支座处有变形,但百分表架处路面已无变形的情况。

当沥青面层厚度大于 50mm 时,回弹弯沉值应根据沥青面层平均温度进行温度修正,按下列步骤进行。

(1)按式(3-1-1-3)计算测定时的沥青面层平均温度。

$$t = (t_{25} + t_m + t_e)/3 \quad (3\text{-}1\text{-}1\text{-}3)$$

式中：t——测定时沥青面层平均温度(℃)；

t_{25}——根据 t_0 由沥青面层平均温度图决定的路表下 25mm 处的温度(℃)；

t_m——根据 t_0 由沥青面层平均温度图决定的沥青面层中间深度的温度(℃)；

t_e——根据 t_0 由沥青面层平均温度图决定的沥青面层底面处的温度(℃)。

（2）当沥青面层平均温度在(20±2)℃时，温度修正系数 $K=1$。当沥青面层平均温度为其他温度时，应根据沥青面层厚度，分别由路面弯沉温度修正系数曲线图求取不同基层的沥青路面弯沉值的温度修正系数 K。

沥青面层平均温度图与路面弯沉温度修正系数曲线图详见《公路路基路面现场测试规程》(JTG 3450—2019)。

（3）按式(3-1-1-4)计算修正后的沥青路面回弹弯沉值。

$$l_{20} = l_t \times K \tag{3-1-1-4}$$

式中：l_{20}——修正后的沥青路面回弹弯沉值(0.01mm)；

K——温度修正系数。

按照《公路路基路面现场测试规程》(JTG 3450—2019)附录 B 的方法，计算一个测试路段的回弹弯沉平均值、标准差及代表值。

2.任务

用贝克曼梁法现场测定某公路路基路面回弹弯沉，并填写表 3-1-1-1。

贝克曼梁法现场测定路基路面回弹弯沉记录表

表 3-1-1-1

<table>
<tr><td rowspan="4">主要仪器设备</td><td>仪器设备名称</td><td>型号规格</td><td colspan="2">编号</td><td colspan="2">使用情况</td><td></td></tr>
<tr><td></td><td></td><td colspan="2"></td><td colspan="2"></td><td></td></tr>
<tr><td></td><td></td><td colspan="2"></td><td colspan="2"></td><td></td></tr>
<tr><td></td><td></td><td colspan="2"></td><td colspan="2"></td><td></td></tr>
</table>

弯沉仪类型			测试车类型		
剔除系数			设计弯沉值(0.01mm)		
路面干湿状况		基层结构类型		沥青面层厚度(mm)	
前5d平均气温(℃)		季节修正系数		保证率系数	

测点桩号	车道	路表温度(℃)	左侧(0.01mm)		右侧(0.01mm)		备注
			初读数	终读数	初读数	终读数	

试验人：　　　　　　　　　　　　　　　指导老师：

项目二 路面基层设计

实训一 水泥稳定级配碎石基层结构设置

1. 基本资料

参见第三篇项目一实训一。

2. 任务

(1) 20cm 厚 5% 水泥稳定级配碎石的施工质量控制要点有哪些？如何避免基层后期的反射裂缝？

(2) 底基层和基层的水泥用量相差了 1.5%，为什么要这样设置？

(3) 该案例中，路基顶面回弹模量要求 ≥40MPa，试分析从哪些方面综合考虑才能保证其强度要求。

实训二 柔性基层结构设计

1. 基本资料

随着我国路面结构研究的深入及道路建筑材料的不断丰富,柔性基层凭借其良好的层间连接性及高模量逐步应用于沥青路面。某一级公路采用柔性基层结构设计,结构组成如下:4cm 细粒式改性沥青混凝土(AC-13C)上面层 + 8cm 粗粒式沥青混凝土(AC-25C)中面层 + 12cm 沥青碎石(ATB-25)下面层 + 16cm 级配碎石上基层(CBR > 200) + 16cm 级配碎石底基层(CBR > 200) + 18cm 水泥稳定级配碎石功能层,结构层总厚度 74cm。通过实践应用表明,该柔性基层路面长期性能良好,适应交通发展形势下的新需求。

2. 任务

(1)请列举目前常用的各类公路路面基层类型,并分析其适用性。

(2)试分析柔性基层相较于传统的半刚性基层的优缺点。

项目三 沥青路面设计

实训 新建沥青路面结构设计与验算

1. 基本资料

齐齐哈尔某二级公路,起点桩号为 K0,终点桩号为 K27+251.019,设计使用年限为 12.0 年,根据交通量 OD 调查分析,断面大型客车和货车交通量为 1615 辆/日,交通量年增长率为 6.5%,方向系数取 55.0%,车道系数取 100.0%。根据交通历史数据,按《公路沥青路面设计规范》(JTG D50—2017)确定该设计公路为 TTC4 类,车辆类型分布系数见表 3-1-3-1。

车辆类型分布系数 表 3-1-3-1

车辆类型	2 类	3 类	4 类	5 类	6 类	7 类	8 类	9 类	10 类	11 类
车型分布系数(%)	28.9	43.9	5.5	0.0	9.4	2.0	4.6	3.4	2.3	0.1

根据路网相邻公路的车辆满载情况及历史数据的调查分析,得到各类车型非满载与满载比例,见表 3-1-3-2。

非满载车与满载车所占比例 表 3-1-3-2

车辆类型	2 类	3 类	4 类	5 类	6 类	7 类	8 类	9 类	10 类	11 类
非满载车比例(%)	85.0	90.0	65.0	75.0	55.0	70.0	45.0	50.0	55.0	65.0
满载车比例(%)	15.0	10.0	35.0	25.0	45.0	30.0	55.0	50.0	45.0	35.0

2. 任务

请合理设计并确定该公路路面结构,完成相应验算。

项目四 水泥混凝土路面设计

实训　水泥混凝土面板厚度计算

1. 基本资料

公路自然区划Ⅱ区拟新修建一条二级公路,采用普通混凝土路面,路面宽度7m,基层选用级配碎石,路基为低液限黏土,路床顶面距地下水位平均1.2m,当地的粗集料以花岗岩为主。经交通调查得知,设计轴载 P_s =100kN,最大轴载 P_m =150kN,设计车道使用初期设计轴载日作用次数为100,交通量年平均增长率为5%。

2. 任务

试设计计算该普通混凝土路面的厚度。

第二分篇　路面施工

项目一　路面施工准备

实训一　路面施工准备工作

1. 基本资料

某公路路面工程,经过公开招标选择了一家施工单位来承担此项目的施工任务,施工单位在充分研究了施工技术资料、工程设计文件及合同条款等资料后,确定了该路面工程的施工顺序,并编制了具体路面施工组织设计。

2. 任务

试叙述施工单位在编制路面施工组织设计前应该搜集的资料与应做好的准备工作。

实训二　路面施工机械化配套分析

1. 基本资料

某施工单位承接了一段高速公路沥青混凝土路面施工,根据设计要求,进行施工准备工作,施工准备过程中发生了如下事件:

事件1:施工单位首先针对沥青路面施工编制了施工组织设计。

事件2:工程准备阶段,项目部根据路面工程量、施工进度计划、施工条件、现有机械的技术状况选择了路面施工机械。

2. 任务

(1)针对事件1,试分析沥青混凝土路面施工组织设计在施工过程中的作用。

(2)针对事件2,补充合理选择路面施工机械的依据。

实训三　路槽施工放样

1. 基本资料

现有一条山岭区二级公路,设计速度为60km/h,路基宽度为8.5m,施工路槽宽度为7m,路拱横坡度为2%。

2. 任务

某桩号处的设计中心线高程为4.56m,请对该路槽边桩高程进行现场施工放样,绘出路基断面示意图,并列出计算过程。

实训四　路面施工机械设备数字化发展

1. 基本资料

智能化、无人化、数字化是目前全球制造业的主流提升方向,国内路面工程施工智能化领域更多是在智能检测方面,包括压实度检测、智能平整度检测等,然后通过检测结果来反馈至施工方调整施工工艺,但在智能化施工方面多年处于沉寂状态。近两年得益于国家对"中国智造"的转型升级要求及国内各主要机械制造厂商的专注研究和大力推动,国内路面工程施工的智能化、数字化、无人化推动工作进展迅速。

2. 任务

查找相关资料,总结当前在路面施工机械设备方面的数字化、智能化、无人化的发展情况。

项目二 路面基层施工

实训一 路面基层施工新技术探索

1. 基本资料

2020年9月我国明确提出2030年"碳达峰"与2060年"碳中和"的目标。近年来,A市在推进"四好农村路"建设的同时,针对农村公路复杂状况,采取多种方式,提高固废利用率,减少排放,积极打造"绿色低碳公路",走出了一条农村公路高质量发展的有效路子。

在具体工程施工中,技术和施工人员将旧水泥混凝土路面采用多锤头碎石化后重新铺设,约18cm厚的水泥混凝土路面碎石化后再生为新的底基层,对比同样厚度的水泥稳定风化砂(掺30%碎石),每平方米造价节省约27元,减少固废排放量7200m³。

对于混凝土无法直接加铺沥青层的路面,想方设法对原路挖除的固废进行试验验证,能充分利用的就实现最大化重新利用。在公路大修过程中,技术和施工人员将旧水泥混凝土路面挖出后进行碎石化,根据试验数据按一定配合比掺入基层用料,替代石子量3800m³。

如今,精打细算、变废为宝在当地农村公路建设中逐渐成为一种习惯做法。通过总结、借鉴、提高,把好的做法向全市推广,在全市农村公路建设中因地制宜,优化设计,从设计阶段开始,就对原有公路进行详细勘察,对具备加铺条件的水泥混凝土路,采取原路打裂稳固加铺新面层的方式设计施工,充分减少道路开挖、回填等工程量。积极推广了沥青热再生和"冷再生"技术,针对施工条件较好的沥青路面,采取热再生技术,现场机械作业,路面成形。对于不具备现场热再生的公路,对原路面进行铣刨后,对铣刨料进行筛分,用于下面层用料,把筛分物作为路基填筑料,最大限度实现了固废零排放。

2. 任务

(1)针对A市推进"四好农村路"建设中,找出属于绿色低碳公路基层施工的具体措施。

(2)请查阅收集资料,总结国内目前在路面基层施工中能够满足当前"双碳"要求的新技术和新措施。

实训二　路面基层施工分析

1. 基本资料

某农村公路,起讫桩号 K0+000～K7+300,沿途经过工业废矿区域,该地多雨潮湿,雨量充沛,随着当地旅游资源的开发,该路段已成为重要的旅游公路,经专家论证,确定该农村公路升级改造成三级公路。

施工中发生如下事件:

事件 1:施工单位结合当地的自然条件,采用最合适的方法 A 施工填隙碎石底基层,部分做法如下:

(1)集料层表面空隙全部填满后,立即用洒水车洒水,直达饱满。

(2)用轻型压路机跟在洒水车后碾压。

(3)碾压完成的路段应立即将表面多余的细料以及细料覆盖层扫除干净。

事件 2:施工单位对水泥稳定煤矸石混合料进行了不同龄期条件下的强度和模量试验以及温度收缩和干湿收缩试验等,评价其性能。

2. 任务

(1)写出事件 1 方法 A 的名称,填隙碎石底基层施工还有哪一种方法?

(2)逐条判断事件 1 中填隙碎石底基层施工的做法是否正确。若不正确写出正确做法。

(3)事件 2 中,施工单位在煤矸石使用前,还应做什么处理。

实训三　路面基层处理案例

1. 基本资料

路面抛丸机随着我国公路的高速发展，开始逐渐应用于公路工程相关施工作业中，尤其是在高速公路桥面铺装中，用于增强桥面沥青铺装层与整平层的黏结力，也可应用于打毛新修水泥混凝土路面，增加路面的抗滑能力。

(1) 抛丸施工准备

某高速公路施工单位为尽早做好合同段路面防水黏结层施工安排部署工作，进行预期一个多月的路面基层抛丸处理。未经过有效基层处理的表面会大大影响防水材料同基层的黏结强度，并丧失有效的抗剪切强度，大大降低材料本身的技术性能，而基层表面的清洁程度、强度以及粗糙程度是影响表面涂装层同基层的附着性和抗剪切性能的关键，所以在做防水铺装前期，一定要做好深度基层清洁处理，是所有涂装层施工工艺中的第一步，也是决定性能的关键。

使用特定的工具对基层表面进行处理，使其达到一定的清洁度和粗糙度，并对其缺陷进行有效的修补，为下一步涂装和铺装层施工提供能够充分发挥、提高其性能的工艺方法。抛丸设备就是目前基层处理最为专业、适宜深层清理的工程设备。对基层处理有如下基本的要求：强度、清洁度、粗糙度、表面无其他缺陷，要求进行100%的"创面"清理，不对构造和集料造成伤害，整个抛丸现场需做到均匀、粗糙、洁净，施工过程没有污染，效率高。

(2) 抛丸步骤

①使用抛丸设备进行清理，桥面彻底清理浮浆和附着物并制造表面粗糙度；抛丸处理后修补桥面缺陷。

②按照标准检测板对比检查，达到项目要求的粗糙度。

③底涂材料黏结强度测试。

(3) 基层抛丸注意事项

防水技术人员在施工过程中，一切按照施工方标准，抛丸不宜过轻，以免未达到清理的目的，对体力消耗也特别大；另外处理不到的边角，一般会选择打磨机配合，尽量实现路两边抛丸均匀。

(4) 把握抛丸流程，为后续同步洒布车打好基础

为了保证路面铺装施工质量，延长路面的耐久性，防水技术人员采用抛丸机进行抛丸处理，为同步封层洒布车施工打好了基础，有效提高了路面联结性能与防水性能，在高度无尘无污染的环境中，"两大设备、三道工序"为标段路面铺装提供了良好的工作面。

2. 任务

(1) 路面基层进行抛丸处理的原因是什么？
(2) 请叙述抛丸处理的基本工艺流程、工作原理及施工方法。

项目三　沥青路面施工

实训一　高温季节沥青路面施工质量控制

1. 基本资料

某高速公路沥青混凝土路面在高温季节开展施工,其面层结构分为上、中、下三层,上面层采用改性沥青 AC-13C 型、中面层采用改性沥青 AC-20C 型、下面层采用 AC-25C 型改性沥青混合料。

沥青混合料拌和采用 4000 型间歇式沥青混凝土拌合机,该设备计量准确、稳定,能连续生产优质混合料。拌合站设在线路两端,负责本合同段沥青混合料的供应。混合料运输全部采用 20t 以上自卸汽车,采用德国产 ABG525 摊铺机进行摊铺。

施工工序:测量放样→清扫→挂线→沥青混合料拌和→运输→摊铺→碾压→检测。

2. 任务

（1）请解释 AC-13C、AC-20C 和 AC-25C 沥青混合料的含义和区别。

（2）请描述高温季节沥青路面施工质量控制措施。

实训二　手工铺砂法测试路面构造深度

1. 基本资料

路面的宏观构造深度是指一定面积的路表面凹凸不平的开口孔隙平均深度,它是影响抗滑性能的重要因素之一。手工铺砂法适用于测试沥青路面及无刻槽水泥混凝土路面表面构造深度,用以评定路面表面抗滑性能。

1)试验步骤

(1)用扫帚或毛刷子将测点附近的路面清扫干净,面积不少于 30cm×30cm。

(2)用小铲向圆筒中缓缓注入准备好的量砂至高出量筒成尖顶状,手提圆筒上部,用钢尺轻轻叩打圆筒中部 3 次,并用刮尺沿筒口一次刮平。不可直接用量砂筒[图 3-2-3-1a)]装量砂,以免影响量砂密度的均匀性。

(3)将砂倒在路面上,用推平板[图 3-2-3-1b)]由里向外重复作摊铺运动,稍稍用力将砂向外均匀摊开,使砂填入路表面的空隙中,尽可能将砂摊成圆形,并不得在表面上留有浮动余砂。注意摊铺时不可用力过大或向外推挤。

(4)用钢板尺测量所构成圆的两个垂直方向的直径,取其平均值,准确至 1mm。也可用专用尺直接测量构造深度。

(5)按以上方法,同一处平行测试不少于 3 次,3 个测点均位于轮迹带上,测点间距 3~5m。对同一处测试应该由同一个试验员进行测试。该处的测试位置以中间测点的位置表示。

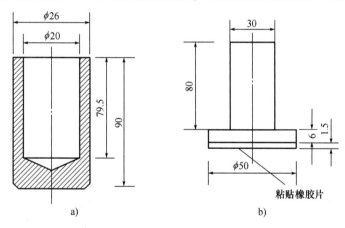

图 3-2-3-1　量砂筒和推平板(尺寸单位:mm)

2)数据处理

构造深度测试结果按式(3-2-3-1)进行计算:

$$TD = \frac{1000V}{\pi D^2/4} = \frac{31831}{D^2} \qquad (3\text{-}2\text{-}3\text{-}1)$$

式中:TD——路面构造深度(mm);

　　　V——砂的体积(cm³),取 25cm³;

　　　D——摊平砂的平均直径(mm)。

每一测试位置均取 3 次路面构造深度测试结果约平均值作为试验结果,准确至 0.01mm。当平均值小于 0.2mm 时,试验结果以 <0.2mm 表示。

2. 任务

用手工铺砂法测试路面构造深度,并填写表 3-2-3-1。

手工铺砂法测试路面构造深度　　　　　表 3-2-3-1

主要仪器设备	仪器设备名称		型号规格		编号		使用情况

测点位置		铺砂直径(mm)			构造深度 TD(mm)		路面描述及备注
桩号	横距(m)	1	2	平均	单值	平均	
平均值			标准差			变异系数	

试验人：　　　　　　　　　　　　　　试验时间：

实训三 摆式仪测试路面摩擦系数

1. 基本资料

本方法适用于以指针式摆式仪测试无刻槽水泥混凝土路面和沥青路面的摆式摩擦系数值BPN,用以评定路面或路面材料试件在潮湿状态下的抗滑能力。摆式仪结构示意如图3-2-3-2所示。选择测试位置,每个测试位置布设3个测点,测点间距离为3~5m,以中心测点的位置表示该测试位置。测试位置应选在车道横断面上轮迹处,且距路面边缘不应小于1m。

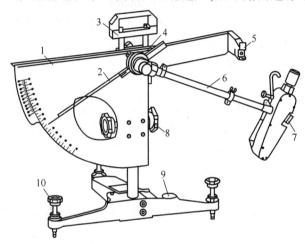

图 3-2-3-2　摆式仪结构示意图

1-度盘;2-指针;3-紧固把手;4-松紧调节螺栓;5-释放开关;6-摆;7-滑溜块;8-升降把手;9-水准泡;10-调平螺栓

1)测试步骤

(1)清洁路面。

用扫帚或其他工具将测点处路面上的浮尘或附着物打扫干净。

(2)仪器调平。

①将指针式摆式仪置于路面测点上,并使摆的摆动方向与行车方向一致。

②转动底座上的调平螺栓,使水准泡居中。

(3)指针调零。

①放松紧固旋钮,转动升降旋钮,使摆升高并能自由摆动,然后旋紧紧固旋钮。

②将摆固定在右侧悬臂上,使摆处于水平位置,并把指针拨至右端与摆杆贴紧。

③右手按下释放开关,使摆向左带动指针摆动,当摆达到最高位置后刚开始下落时,用左手将摆杆接住,此时指针应指零。

④指针若不指零,通过转动松紧调节螺栓进行调整后,重复①~③的步骤,直至指针指零,调零允许误差为±1mm。

(4)校核滑动长度。

①让摆处于自然下垂状态,松开固定旋钮,转动升降旋钮使摆下降,并提起举升柄使摆向左侧移动,然后放下举升柄使橡胶片长边下缘轻轻触地,在边侧紧靠橡胶片摆放滑动长度量

尺,使量尺左端对准橡胶片触地下缘;再提起举升柄使摆向右侧移动,然后放下举升柄使橡胶片下缘轻轻触地,检查橡胶片下缘是否与滑动长度量尺的右端齐平。若齐平,则说明橡胶片两次触地的距离(滑动长度)符合126mm±1mm的要求。左右两次橡胶片长边边缘应以刚刚接触路面为准,不可借摆的力量向前滑动,以免标定的滑动长度与实际不符。

②橡胶片两次触地与量尺两端若不齐平,通过升高或降低摆或仪器底座的高度进行调整。微调时,也可用旋转仪器底座上的调平螺丝调整仪器底座高度的方法,但需注意保持水准泡居中。

③重复①~②的步骤,直至滑动长度符合126mm±1mm的要求。

(5)将摆固定在右侧悬臂上,使摆处于水平位置,并把指针拨至右端靠紧摆杆。

(6)用喷水壶浇洒测点处路面,使之处于湿润状态。

(7)按下右侧悬臂上的释放开关,使摆在路面滑过,当摆杆回落时,用手接住摆杆并读数,但不做记录。

(8)按照前序步骤,重复操作5次,读记每次测试的摆值。5个摆值中最大值与最小值的差值不得大于3。如差值大于3,应重复上述各项操作,至符合规定为止。

(9)在测点处用温度计测记潮湿路表温度,准确至1℃。

(10)重复前述步骤,完成一个测试位置3个测点的摆值测试。

2)数据处理

(1)计算每个测点5个摆值的平均值作为该测点的摆值 BPN_T,取整数。

(2)摆值的温度修正。

当路面温度为 T(℃)时测得的摆值 BPN_T 应按式(3-2-3-2)换算成标准温度20℃的摆值 BPN_{20}:

$$BPN_{20} = BPN_T + \Delta BPN \quad (3-2-3-2)$$

式中:BPN_{20}——换算成标准温度20℃时的摆值;

BPN_T——路面温度 T 时测得的摆值;

ΔBPN——温度修正值,按表3-2-3-2采用。

温度修正值　　　　　表3-2-3-2

温度(℃)	0	5	10	15	20	25	30	35	40
温度修正值 ΔBPN	-6	-4	-3	-1	0	+2	+3	+5	+7

(3)计算每个测试位置3个测点摆值的平均值作为该测试位置的摆值,取整数。

(4)计算一个测试路段摆值的平均值、标准差、变异系数。

2. 任务

(1)用摆式仪测定某高速公路K3+000~K3+600段沥青路面的摩擦摆值(路面温度为30℃),其测定结果见表3-2-3-3。计算该处路面的摩擦摆值,并判断该路面抗滑性是否合格。

(2)用摆式仪测定某路段路面的摩擦系数,并填写表3-2-3-4。

公路沥青路面摩擦摆值 表 3-2-3-3

测点桩号	试验次数	测定平行值(BPN)				
		1	2	3	4	5
K3+015	1	52	51	53	52	51
	2	54	52	52	53	52
	3	50	49	51	52	50
K3+320	1	53	54	55	56	54
	2	51	49	52	52	51
	3	51	49	48	49	48
K3+425	1	52	54	53	55	54
	2	52	52	54	54	53
	3	51	52	51	52	53

摆式仪测试路面摩擦系数

表 3-2-3-4

主要仪器设备	仪器设备名称	型号规格	编号	使用情况

天气情况				结构类型		

桩号	摆值					路面温度（℃）	温度修正值（℃）	平均值	路面外观描述
	1	2	3	4	5				

测点数(点)		平均值		标准差		变异系数	

试验人：　　　　　　　　　　　　试验时间：

实训四　三米直尺测试路面平整度

1. 基本资料

三米直尺测试路表与三米直尺基准面的最大间隙(δ_m),用以表征路表平整度。三米直尺适用于碾压成型后的路基路面各层表面的平整度测试。当测试沥青路面施工过程中的质量时,应以单尺方式测试,且测试位置应选在接缝处;其他情况一般以连续 10 尺方式测试。除特殊需要者外,应以行车道一侧车轮轮迹(距车道线 0.8~1.0m)作为连续测试的位置。对既有道路已形成车辙的路面,应取车辙中间位置为测试位置。测试前应清扫路面测试位置处的碎石、杂物等。

(1)测试步骤

①将三米直尺沿道路纵向摆在测试位置的路面上。

②目测三米直尺底面与路表面之间的间隙情况,确定最大间隙的位置。

③将具有高度标线的塞尺塞进间隙处,测试其最大间隙的高度;或者用深度尺在最大间隙位置测试直尺上顶面距地面的深度,该深度减去尺高即为测试点的最大间隙的高度。以 mm 计,准确至 0.5mm。

(2)数据处理

单尺测试路面的平整度计算,以三米直尺与路面的最大间隙(δ_m)为测试结果;连续测试 10 尺时,判断每尺最大间隙(δ_m)是否合格,并计算合格率,以及 10 个最大间隙的平均值。

2. 任务

用三米直尺测定某路面平整度,并填写表 3-2-3-5。

三米直尺测试路面平整度

表 3-2-3-5

主要仪器设备	仪器设备名称	型号规格	编号	使用情况

测点位置		1	2	3	4	5	6	7	8	9	10	平均值	合格率
桩号	横距(m)												

平整度规定值(mm)		测点总数		合格点数		合格率(%)	

试验人： 试验时间：

实训五　连续式平整度仪测试路面平整度

1. 基本资料

本方法适用于连续式平整度仪测试路面纵向相对高程的标准差(σ),用以表征路面的平整度。不适用于在已有较多坑槽、破损严重的路面上测试。连续式平整度仪构造示意如图 3-2-3-3 所示,除特殊情况外,连续式平整度仪的标准长度为 3m;中间为一个 3m 长的机架,机架可缩短或折叠,前后各 4 个行走轮,前后两组轮的轴间距离为 3m。

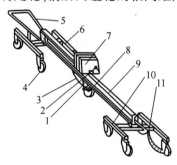

图 3-2-3-3　连续式平整度仪构造示意图

1-测量架;2-离合器;3-拉簧;4-脚轮;5-牵引架;6-前架;7-记录计;8-测定轮;9-纵梁;10-后架;11-软轴

当为施工过程中质量控制需要时,测试地点根据需要决定;当进行路面工程质量检查验收或路况评定时,通常以行车道一侧车轮轮迹带作为连续测试的标准位置;对已形成车辙的路面,取一侧车辙中间位置为测点位置。测试前应清扫路面测试位置处的碎石、杂物等。检查仪器测试箱各部分应完好、灵敏,测定轮胎压正常,并将各连接线接妥,安装记录设备。

(1)测试步骤

①将连续式平整度仪置于测试路段路面起点上,保证测定轮位置在轮迹带范围内。

②在牵引汽车的后部,将连续式平整度仪与牵引汽车连接好,按照要求依次完成各项操作。

③启动牵引汽车,沿道路纵向行驶,横向位置保持稳定。

④确认连续式平整度仪工作正常。牵引连续式平整度仪的速度应保持匀速且沿车道方向行驶,速度宜为 5km/h,最大不得超过 12km/h。在测试路段较短时,亦可用人力拖拉连续式平整度仪测试路面的平整度,但拖拉时应保持匀速前进。

(2)数据处理

以 100m 长度为一个计算区间,按式(3-2-3-3)计算该区间内采集的位移值(d_i)的标准差 σ_i,即该区间的平整度,以 mm 计,保留 1 位小数。

$$\sigma_i = \sqrt{\frac{\sum d_i^2 - (\sum d_i)^2/N}{N-1}} \tag{3-2-3-3}$$

式中:σ_i——各计算区间的平整度计算值(mm);

d_i——以 100m 为一个计算区间,每隔一定距离(自动采集间距为 10cm,人工采集间距为 1.5m)采集的路面凹凸偏差位移值(mm);

N——计算区间用于计算标准差的测试数据个数。

最后计算一个测试路段平整度的平均值、标准差、变异系数。

2.任务

用连续式平整度仪测定某路面平整度,并填写表3-2-3-6。

连续式平整度仪测试路面平整度 表3-2-3-6

主要仪器设备	仪器设备名称		型号规格			编号			使用情况		

测点位置		1	2	3	4	5	6	7	8	9	10	平均值	合格率
桩号	横距(m)												

平整度规定值(mm)		测点总数		合格点数		合格率(%)	
平整度平均值(mm)		平整度标准差(mm)		平整度变异系数			

试验人: 试验时间:

实训六 沥青路面渗水系数测试

1. 基本资料

本方法适用于在现场测试沥青路面的渗水系数。每个测试位置,按照规定随机选择3个测点,并用粉笔画上测试标记。测试前,用扫帚清扫表面,并用刷子将路面表面的杂物刷去。新建沥青路面的渗水试验宜在沥青路面碾压成型后12h内完成。

(1)测试步骤

①将塑料圈置于路面表面的测点上,用粉笔分别沿塑料圈的内侧和外侧画上圈,在外环和内环之间的部分就是需要用密封材料进行密封的区域。

②用密封材料对环状密封区域进行密封处理,注意不要使密封材料进入内圈,如果密封材料不小心进入内圈,必须用刮刀将其刮走。然后再将搓成拇指粗细的条状密封材料摞在环状密封区域的中央,并且摞成一圈。

③将套环放在路面表面的测点上,注意使套环的中心尽量和圆环中心重合,然后略微使劲将套环压在条状密封材料表面;采用同样的方法将渗水仪放在套环上并对中,施加压力将渗水仪压在套环上,再将配重加上,以防压力水从底座与路面间流出。

④将开关及排气孔关闭,向量筒中注水超过100mL刻度,然后打开开关和排气孔,使量筒中的水下流排出渗水仪底部内的空气,当量筒中水面下降速度变慢时,用双手轻压渗水仪使渗水仪底部的气泡全部排出,当水自排气孔顺畅排出时,关闭开关和排气孔,并再次向量筒中注水至100mL。

⑤将开关打开,待水面下降至100mL刻度时,立即开动秒表开始计时,计时3min后立即记录水量,结束试验;当计时不到3min水面已下降至500mL时,立即记录水面下降至500mL时的时间,结束试验。当开关打开后3min时间内水面无法下降至500mL刻度时,则开动秒表计时测试3min内渗水量即可结束试验。

⑥测试过程中,如水从底座与密封材料间渗出,则底座与路面间密封不好,此试验结果为无效。关闭开关,采用密封材料补充密封,重新按④和⑤测试。如果仍然有水渗出,应在同一纵向位置沿宽度方向就近选择位置,重新按照①~⑤测试。

⑦测试过程中,如水从外环圈以外路面中渗出,可以人工将密封材料在外环圈之外5cm宽度范围内再次进行密封处理,重新按④和⑤测试,只要密封范围内无水渗出,则认为试验结果为有效。

⑧重复①~⑦的步骤,测试3个测点的渗水系数。

(2)数据处理

按式(3-2-3-4)计算渗水系数,准确至0.1mL/min。

$$C_w = \frac{V_2 - V_1}{t_2 - t_1} \times 60 \tag{3-2-3-4}$$

式中:C_w——渗水系数(mL/min);

V_1——第一次计时时的水量(mL);

V_2——第二次计时时的水量(mL);

t_1——第一次计时的时间(s);

t_2——第二次计时的时间(s)。

以 3 个测点渗水系数的平均值作为该测试位置的结果,准确至 1mL/min。

2. 任务

用渗水系数法现场测试某路段沥青路面渗水系数,并填写表3-2-3-7。

沥青路面渗水系数测试 表3-2-3-7

主要仪器设备	仪器设备名称	型号规格	编号	使用情况

测试路段									
测点位置		测点编号	第一次计数时的时间(s)	第二次计数时的时间(s)	第一次计数时的水量(mL)	第二次计数时的水量(mL)	路面渗水系数(mL/min)	路面渗水系数平均值(mL/min)	备注
桩号	横距(m)								

试验人:　　　　　　　　　　　　　试验时间:

项目四　水泥混凝土路面施工

实训一　水泥混凝土路面的优缺点认知

1. 基本资料

水泥混凝土路面作为一种高级路面结构形式,具有使用寿命长,养护工作量小,能源消耗少,施工简便,对交通等级和环境适应性强等优点,在国外得到广泛应用。国内早期修建的水泥混凝土路面由于设计与施工不当,出现一些早期破坏,使得其近年来发展受到限制,出现沥青路面"一边倒"的局势,而将水泥混凝土路面主要用于一些较低等级的道路。但应该看到,沥青路面同样存在各种形式的早期损坏,而且近来石油价格的持续攀升使得沥青路面的造价远远超过水泥混凝土路面。因此,在修建沥青路面的同时,应看到水泥混凝土路面的优势,自主创新,加快水泥混凝土路面的发展和技术进步,这是中国公路建设的客观需求,也是促进中国能源发展、保护环境的战略举措。

水泥混凝土路面的应用在世界各国还是较多的。美国高速公路网中,水泥混凝土路面占49%左右。在欧洲,比利时是使用水泥混凝土路面最多的国家,目前有50%的高速公路是水泥混凝土路面。法国近年来建成的高速公路路面中,每年约有30%的水泥混凝土路面,同时,连续配筋水泥混凝土路面已被广泛用于高速公路。

至1980年,我国混凝土路面的里程为1600km,约占高级和次高级路面里程的1.0%。近年来混凝土路面里程大幅度增加,但是混凝土路面在高等级公路路面中的比例却很小。

2. 任务

请查阅资料,分析沥青路面和水泥混凝土路面的优缺点,探讨公路路面建设中,水泥混凝土路面的适用性。

实训二　路基路面几何尺寸测试

1.基本资料

本方法适用于测试路基路面的宽度、纵断面高程、横坡、中线偏位、边坡坡度、水泥混凝土路面相邻板高差和纵、横缝顺直度,以评价道路线形和几何尺寸。

(1)路基路面宽度测试步骤

用钢卷尺沿中心线垂直方向上水平量取路基路面各部分的宽度 B_1,以 m 计,准确至 0.001m。测量时钢卷尺应保持水平,不得将尺紧贴路面量取,也不得使用皮尺。

(2)纵断面高程测试步骤

①将水准仪架设在路面平顺处调平,将水准尺竖立在设计高程的纵断面位置上,以路线附近的水准点高程作为基准。测量高程并记录读数 H_1,以 m 计,准确至 0.001m。

②连续测试全部测点,并与水准点闭合,闭合差应达到三等水准测量要求。

(3)路基路面横坡测试步骤

①对设有中央分隔带的路面:将水准仪(全站仪)架设在路基路面平顺处调平,将水准尺分别竖立在路面与中央分隔带分界的路缘带边缘 d_1 处(或路基顶面相应位置)及路面与路肩交界位置或外侧路缘石边缘(或路基顶面相应位置)d_2 处,d_1 与 d_2 两测点应在同一横断面上,测量 d_1 与 d_2 处的高程并记录读数,以 m 计,准确至 0.001m。

②对无中央分隔带的路面:将水准仪(全站仪)架设在路基路面平顺处调平,将水准尺分别竖立在道路中心 d_1(或路基顶面相应位置)及路面与路肩交界位置或外侧路缘石边缘(或路基顶面相应位置)d_2 处,d_1 与 d_2 两测点应在同一横断面上,测量 d_1 与 d_2 处的高程,记录高程读数,以 m 计,准确至 0.001m。

③用钢卷尺测量两测点的水平距离,以 m 计,准确至 0.005m。

2.任务

以路基路面宽度、纵断面高程、路基路面横坡为例,进行相应的几何尺寸测试,并分别填写表 3-2-4-1 ~ 表 3-2-4-3。

路基路面宽度测试　　　　　　　表 3-2-4-1

桩号	设计路基路面宽度(m)	实测路基路面宽度(m)	宽度偏差(m)	是否符合要求

试验人:　　　　　　　　　　　　　　　试验时间:

纵断面高程测试　　　　　　　　　　　　　　　　　　　　　表 3-2-4-2

桩号	设计纵断面高程(m)	实测纵断面高程(m)	高程偏差(m)	是否符合要求

试验人：　　　　　　　　　　　　　　　　试验时间：

路基路面横坡测试　　　　　　　　　　　　　　　　　　　　表 3-2-4-3

桩号	设计横坡(%)	实测横坡(%)	横坡偏差(%)	是否符合要求

试验人：　　　　　　　　　　　　　　　　试验时间：

实训三 回弹仪测试水泥混凝土路面强度

1. 基本资料

本方法适用于快速测试水泥混凝土路面的抗压强度,不作为混凝土路面的强度评定、仲裁试验或工程验收使用。但不适用于表面与内部质量有明显差异或内部存在缺陷的水泥混凝土强度测试,以及厚度小于100mm水泥混凝土强度测试。

按照规定确定测试的混凝土板。每个混凝土板的测区数不宜少于10个,相邻两测区的间距不宜大于2m;测区宜在混凝土板表面上均匀分布,并避开板边板角。测区表面应清洁、干燥、平整,不应有疏松层、饰面层、粉刷层、浮浆、油垢以及蜂窝、麻面等,必要时可用砂轮清除表面的杂物和不平整处,磨光的表面不应有残留粉尘或碎屑。一个测区的面积不宜大于200mm×200mm,每一测区测试16个测点,相邻两测点的间距不宜小于30mm,测点距路面边缘或接缝的距离不应小于200mm。

1)测试步骤

(1)回弹值测试

在测试过程中,回弹仪的轴线应始终垂直于混凝土表面,具体操作应符合下列要求:

①将回弹仪的弹击杆顶住混凝土表面,轻压仪器,使按钮松开,弹击杆徐徐伸出,并使挂钩挂上弹击锤。

②手持回弹仪对混凝土表面缓慢均匀施压,待弹击锤脱钩,冲击弹击杆后,弹击锤即带动指针向后移动到达一定位置,指针刻度线在刻度尺上的示值即为该点的回弹值,测点不应在气孔或外露石子上,同一测点只弹击一次。

③使用上述方法在混凝土表面依次读数并记录回弹值,如条件不利于读数,可按下按钮,锁住机芯,将回弹仪移至他处读数,准确至1个单位。

④使用完毕后应将弹击杆压入仪器内,经弹击后按下按钮,锁住机芯,待下一次使用。

(2)碳化深度测试

①回弹值测量完毕后,应在有代表性的测区上测量碳化深度值,测点数不应少于构件测区数的30%,应取其平均值作为该构件每个测区的碳化深度值。当碳化深度值极差大于2.0mm时,在每一测区分别测量碳化深度值。

②测量碳化深度值时,可用合适的工具在测区表面形成直径约为15mm的孔洞(其深度略大于混凝土的碳化深度),然后用吸耳球吹去孔洞中的粉末和碎屑(不得用液体冲洗),并立即用浓度为1%~2%酚酞酒精溶液洒在孔洞内壁的边缘处,当已碳化与未碳化界限清楚时(未碳化部分变成紫红色),用碳化深度测定仪或深度游标卡尺测试已碳化与未碳化交界面至混凝土表面的垂直距离三次,取三次测试的平均值作为碳化深度测试结果,准确至0.5mm。

2)数据处理

(1)将一个测区的16个测点的回弹值,去掉3个最大值及3个最小值,其余10个回弹值按式(3-2-4-1)计算测区平均回弹值。

$$\overline{N}_s = \frac{\sum N_i}{10} \tag{3-2-4-1}$$

式中:$\bar{N}_s$——测区平均回弹值,准确至 0.1,无量纲;
N_i——第 i 个测点的回弹值。

(2)根据回弹仪轴线与水平方向的角度将测得的数据按式(3-2-4-2)进行修正,计算非水平方向测试的回弹修正值。当测试水泥混凝土路面为向下垂直方向时,测试角度为 $-90°$,回弹修正值 ΔN 见表 3-2-4-4。

$$\bar{N} = \bar{N}_s + \Delta N \tag{3-2-4-2}$$

式中:$\bar{N}$——经非水平方向测试修正的测区平均回弹值;
ΔN——经非水平方向测试的回弹修正值,由表 3-2-4-4 或内插法求得,准确至 0.1。

非水平方向测试的回弹修正值 表 3-2-4-4

$\bar{N}_s$	α							
	+90°	+60°	+45°	+30°	-30°	-45°	-60°	-90°
20	-6.0	-5.0	-4.0	-3.0	+2.5	+3.0	+3.5	+4.0
30	-5.0	-4.0	-3.5	-2.5	+2.0	+2.5	+3.0	+3.5
40	-4.0	-3.5	-3.0	-2.0	+1.5	+2.0	+2.5	+3.0
50	-3.5	-3.0	-2.5	-1.5	+1.0	+1.5	+2.0	+2.5

注:α-为回弹仪轴线与水平方向的角度,表中未列入的 $\bar{N}_s$,可用内插法求得。

(3)平均碳化深度按式(3-2-4-3)计算。

$$L = \frac{1}{n}\sum_{i=1}^{n} L_i \tag{3-2-4-3}$$

式中:L——碳化深度(mm);
L_i——第 i 个测点的碳化深度(mm);
n——测点数。

如平均碳化深度值等于或大于 6.0mm 时,取 6.0mm。

(4)混凝土强度推算。

将回弹值换算为混凝土强度时,宜采用下列方法:

①有试验条件时,宜通过试验建立专用测强曲线,但测强曲线仅适用于材料质量、成型、养护和龄期等条件基本相同的混凝土。混凝土标准试块为 150mm×150mm×150mm,采用 1.5、1.75、2.0、2.25、2.50 五个灰水比,以便得到不少于 30 对数据,试件与被测对象有相同的养护条件,达到龄期后,将试块用压力机加压至 30~50kN 稳住,用回弹仪在两侧面分别测试八个测点,按式(3-2-4-1)计算平均回弹值,然后进行抗压强度试验,用最小二乘法建立二者相关性关系的推定式,推定式可为直线式或其他适当的形式,但相关系数 R 不得小于 0.95。然后根据测区平均回弹值利用测强曲线推定混凝土抗压强度。

②在没有条件通过试验建立专用测强曲线时,每个测区混凝土的抗压强度值 R_i 可按平均回弹值及平均碳化深度值 $\bar{L}$,根据《公路路基路面现场测试规程》(JTG 3450—2019)的测区混凝土抗压强度值换算表查出。

最后计算出测试对象全部测区的推定混凝土抗压强度的平均值、标准差、变异系数。

2. 任务

用回弹仪测试某路段水泥混凝土路面强度,并填写表 3-2-4-5。

回弹仪测试水泥混凝土路面强度 表 3-2-4-5

任务单号			检测依据			
样品编号			检测地点			
样品名称			环境条件	温度_____℃	湿度_____%	
样品描述			试验日期	20 年 月 日		

主要使用仪器设备情况	仪器设备名称	型号规格	编号	使用情况

混凝土类型		龄期		设计强度	

测区号	回弹值 N																	碳化深度 (mm)
编号	1	2	3	4	5	6	7	8	9	10	11	12	13	14	15	16	R_m	
1																		
2																		
3																		
4																		
5																		
6																		
7																		
8																		
9																		
10																		

测面状态				测试角度					

项目	测区号	1	2	3	4	5	6	7	8	9	10
回弹值 N	测区平均值										
	角度修正值										
	角度修正后回弹值										
	浇筑面修正值										
	浇筑面修正后回弹值										
平均碳化深度值 L(mm)											
测区强度值 R_i (MPa)											

测区数		强度平均值(MPa)		强度标准差(MPa)	
强度推定值 R_n (MPa)					

试验人: 试验时间:

实训四　超声回弹法测试水泥混凝土路面抗弯强度

1. 基本资料

本方法适用于采用回弹仪、超声波检测仪在现场对水泥混凝土路面按综合法快速测试,并利用测强曲线方程推算混凝土的抗弯强度,不作为仲裁试验或工程验收使用。

本方法不适用于下列情况的水泥混凝土:
(1)隐蔽或外露局部缺陷区。
(2)裂缝或微裂区(包括路面伸缩缝和工作缝)。
(3)路面角隅钢筋和边缘钢筋处,特别是超声波与钢筋方向相同时。
(4)距路面边缘小于100mm的部位。

测试前应确认水泥混凝土的密度为$1.9 \sim 2.5 \text{g/cm}^3$,板厚大于100mm,龄期大于14d,强度已达到设计强度80%以上,环境温度为$-4 \sim 40℃$。

按照规定确定测试的混凝土板。均匀布置10个测区,每个测区不宜小于$150\text{mm} \times 550\text{mm}$,测试面应清洁、干燥、平整,不得有蜂窝、麻面,对浮浆和油垢以及粗糙处应清洗或用砂轮片磨平,并擦净残留粉尘。每个测区的测点宜在测区范围内均匀分布,但不得布置在气孔或外露石子上,相邻两测点的距离不宜小于30mm。

1)测试步骤
(1)按规定用回弹仪对每个测区的16个测点进行回弹值测试。
(2)超声声时值测量。
①在进行回弹值测试的同一测区内布置三条测轴线作为换能器布置区。
②在换能器放置处抹上耦合剂,测量超声声时,耦合剂应与建立测强曲线时所用的耦合剂相同。
③将换能器分别放置在轴线Ⅰ的1点及2点处,换能器与路面混凝土应充分接触,耦合良好,发射和接收两换能器直径与测轴线重合,边缘与测距线相切。超声波检测仪振幅应调至规定振幅$25 \sim 30\text{mm}$。测读声时为t_{11},准确至$0.1\mu\text{s}$。
④放置于1点处的换能器不动,将放置于2点处的换能器移至3点处,再测读声时为t_{12},准确至$0.1\mu\text{s}$。
⑤按上述方法测量测轴线Ⅱ、Ⅲ,分别测得声时为t_{21}、t_{22}、t_{31}、t_{32}。

2)数据处理
(1)超声波声速计算
按式(3-2-4-4)~式(3-2-4-7)计算测区的超声波声速,准确至0.01km/s。

$$V_{i1} = \frac{350}{t_{i1}} \quad (3\text{-}2\text{-}4\text{-}4)$$

$$V_{i2} = \frac{450}{t_{i2}} \quad (3\text{-}2\text{-}4\text{-}5)$$

$$V_i = \frac{1}{2}(V_{i1} + V_{i2}) \quad (3\text{-}2\text{-}4\text{-}6)$$

$$V = \frac{V_1 + V_2 + V_3}{3} \tag{3-2-4-7}$$

式中：V_{i1}——第 i 条测轴线测点 1 与测点 2350mm 测距声速（km/s），$i = 1 \sim 3$；

V_{i2}——第 i 条测轴线测点 1 与测点 3450mm 测距声速（km/s），$i = 1 \sim 3$；

V_i——第 i 条测轴线平均声速（km/s），$i = 1 \sim 3$；

V——测区平均声速（km/s）；

t_{i1}——第 i 条测轴线 350mm 测距声时（μs）；

t_{i2}——第 i 条测轴线 450mm 测距声时（μs）。

当三条测轴线平均声速（V_i）中有两条测轴线平均声速与测区的平均声速（V）之差都超过测区平均声速的 15% 时，该测区测试结果无效，应重新选择测区测试。

(2) 混凝土抗弯强度推算

①专业测强曲线的确定

取用与路面混凝土相同的原材料，设计几种不同水灰比的混凝土配合比（一般设计 4 种配合比，其中包括路面施工时的配合比），对每种配比成型 150mm × 150mm × 550mm 的梁式试件（不少于 6 个），在标准条件下养护 28d 后，按上述方法进行超声及回弹测试，并按《公路工程水泥及水泥混凝土试验规程》（JTG 3420—2020）进行抗弯强度试验，再用二元非线性方程按式（3-2-4-8）回归，确定回归系数，得出测强曲线方程，相对标准误差 e_r 应不大于 12%。

$$R_f = aV^b e^{cN} \tag{3-2-4-8}$$

式中：R_f——混凝土抗弯强度（MPa）；

V——超声声速（km/s）；

N——回弹值；

a、b、c——回归系数。

相对标准误差按式（3-2-4-9）计算：

$$e_r = \sqrt{\frac{\sum_{i=1}^{n}\left(\frac{R'_{fi}}{R_{fi}} - 1\right)^2}{n-1}} \times 100 \tag{3-2-4-9}$$

式中：e_r——相对标准误差（%）；

R'_{fi}——第 i 块试件实测抗弯强度（MPa）；

R_{fi}——第 i 块试件由超声、回弹推算的抗弯强度（MPa）；

n——试件数（按单块计）。

②混凝土路面抗弯强度推定

a. 每一段（或子段）中每一幅为一个单位作为抗弯强度评定对象。

b. 评定抗弯强度第一和第二条件值按式（3-2-4-10）和式（3-2-4-11）计算：

$$R_{n1} = 1.18(\bar{R}_n - mS_n) \tag{3-2-4-10}$$

$$R_{n2} = 1.18(R_{fi})_{\min} \tag{3-2-4-11}$$

式中：R_{n1}——抗弯强度第一条件值（MPa），准确至 0.1MPa；

R_{n2}——抗弯强度第二条件值（MPa），准确至 0.1MPa；

S_n——抗弯强度标准差（MPa），按式（3-2-4-12）计算，准确至 0.1MPa；

$$S_n = \sqrt{\frac{\sum (R_{fi})^2 - n(\overline{R}_n)^2}{n-1}} \tag{3-2-4-12}$$

$\overline{R}_n$——抗弯强度平均值(MPa),按式(3-2-4-13)计算,准确至0.1MPa;

$$\overline{R}_n = \frac{1}{n}\sum R_{fi} \tag{3-2-4-13}$$

n——测区数。

c. 按式(3-2-4-14)以第一条件值及第二条件值中的小者作为混凝土抗弯强度评定值R_N。

$$R_N = \min\{R_{n1}, R_{n2}\} \tag{3-2-4-14}$$

式中:R_N——混凝土抗弯强度评定值(MPa),准确至0.1MPa。

2. 任务

用超声回弹法测试某路段水泥混凝土路面抗弯强度,并填写表3-2-4-6。

超声回弹法测试水泥混凝土路面抗弯强度 表3-2-4-6

主要仪器设备	仪器设备名称						型号规格						编号				使用情况		

编号 测区号	回弹值 N																测距 (mm)	波速 (km/s)	碳化深度 (mm)
	1	2	3	4	5	6	7	8	9	10	11	12	13	14	15	16			
1																			
2																			
3																			
4																			
5																			
6																			
7																			
8																			
9																			
10																			
测面状态	1.侧面,2.表面,3.底面,4.风干,5.潮湿,6.光洁,7.粗糙																		
测试角度	1.水平: 2.向上: 3.向下:																		

续上表

测区号	回弹值 N					平均碳化深度值（mm）	修正后波速（km/s）	测区强度值（MPa）
	平均值	角度修正值	角度修正后	浇筑面修正值	浇筑面修正后			
1								
2								
3								
4								
5								
6								
7								
8								
9								
10								
组数	强度平均值（MPa）		标准差（MPa）		推定强度（MPa）		结论	

试验人：　　　　　　　　　　　　试验时间：

参 考 文 献

[1] 黄晓明. 路基路面工程[M]. 6版. 北京: 人民交通出版社股份有限公司, 2019.
[2] 孙家驷. 道路勘测设计[M]. 4版. 北京: 人民交通出版社股份有限公司, 2018.
[3] 金仲秋. 公路工程[M]. 3版. 北京: 人民交通出版社股份有限公司, 2015.
[4] 中华人民共和国行业标准. 公路工程技术标准: JTG B01—2014[S]. 北京: 人民交通出版社, 2014.
[5] 中华人民共和国行业标准. 公路路线设计规范: JTG D20—2017[S]. 北京: 人民交通出版社股份有限公司, 2017.
[6] 中华人民共和国行业标准. 公路路基设计规范: JTG D30—2015[S]. 北京: 人民交通出版社股份有限公司, 2015.
[7] 中华人民共和国行业标准. 公路沥青路面设计规范: JTG D50—2017[S]. 北京: 人民交通出版社股份有限公司, 2017.
[8] 中华人民共和国行业标准. 公路水泥混凝土路面设计规范: JTG D40—2011[S]. 北京: 人民交通出版社, 2011.
[9] 中华人民共和国行业标准. 公路路基施工技术规范: JTG/T 3610—2019[S]. 北京: 人民交通出版社股份有限公司, 2019.
[10] 中华人民共和国行业标准. 公路路面基层施工技术细则: JTG/T F20—2015[S]. 北京: 人民交通出版社股份有限公司, 2015.
[11] 中华人民共和国行业标准. 公路沥青路面施工技术规范: JTG F40—2004[S]. 北京: 人民交通出版社, 2004.
[12] 中华人民共和国行业标准. 公路路基路面现场测试规程: JTG 3450—2019[S]. 北京: 人民交通出版社股份有限公司, 2019.